30장면으로 끝내는

스크린 영어회화

Disney·PIXAR

소울

스크린 영어회화 – 소울
Screen English - Soul

초판 1쇄 발행 · 2021년 3월 20일
초판 3쇄 발행 · 2023년 7월 30일

해설 · 라이언 강
발행인 · 이종원
발행처 · (주)도서출판 길벗
브랜드 · 길벗이지톡
출판사 등록일 · 1990년 12월 24일
주소 · 서울시 마포구 월드컵로 10길 56(서교동)
대표 전화 · 02)332-0931 | **팩스** · 02)323-0586
홈페이지 · www.gilbut.co.kr | **이메일** · eztok@gilbut.co.kr

기획 및 책임 편집 · 김지영(jiy7409@gilbut.co.kr), 신혜원 | **디자인** · 조영라 | **제작** · 이준호, 손일순, 이진혁
마케팅 · 이수미, 장봉석, 최소영 | **영업관리** · 김명자, 심선숙 | **독자지원** · 윤정아, 최희창

편집진행 및 교정 · 오수민 | **전산편집** · 조영라 | **오디오 녹음 및 편집** · 와이알 미디어
CTP 출력 · 예림인쇄 | **인쇄** · 예림인쇄 | **제본** · 예림바인딩

▶ 길벗이지톡은 길벗출판사의 성인어학서 출판 브랜드입니다.
▶ 잘못 만든 책은 구입한 서점에서 바꿔 드립니다.
▶ 이 책은 저작권법에 따라 보호받는 저작물이므로 무단전재와 무단복제를 금합니다.
   이 책의 전부 또는 일부를 이용하려면 반드시 사전에 저작권자와 (주)도서출판 길벗의 서면 동의를 받아야 합니다.
▶ 책 내용에 대한 문의는 길벗 홈페이지(www.gilbut.co.kr) 고객센터에 올려 주세요.

ISBN 979-11-6521-434-0 03740 (길벗 도서번호 301084)

정가 18,000원

독자의 1초를 아껴주는 정성 길벗출판사

(주)도서출판 길벗 | IT교육서, IT단행본, 경제경영서, 어학&실용서, 인문교양서, 자녀교육서 www.gilbut.co.kr
길벗스쿨 | 국어학습, 수학학습, 어린이교양, 주니어 어학학습, 학습단행본 www.gilbutschool.co.kr

30장면으로 끝내는

스크린 영어회화

Disney · PIXAR

소울

해설 라이언 강

길벗
이지:톡

재미와 효과를 동시에 잡는 최고의 영어 학습법!
30장면만 익히면 영어 왕초보도 영화 주인공처럼 말한다!

재미와 효과를 동시에 잡는 최고의 영어 학습법!

영화로 영어 공부를 하는 것은 이미 많은 영어 고수들에게 검증된 학습법이자, 많은 이들이 입을 모아 추천하는 학습법입니다. 영화가 보장하는 재미는 기본이고, 구어체의 생생한 영어 표현과 자연스러운 발음까지 익힐 수 있기 때문이죠. 잘만 활용한다면, 원어민 과외나 학원 없이도 살아있는 영어를 익힐 수 있는 최고의 학습법입니다. 영어 공부가 지루하게만 느껴진다면 비싼 학원을 끊어놓고 효과를 보지 못했다면, 재미와 실력을 동시에 잡을 수 있는 영화로 영어 공부에 도전해보세요!

영어 학습을 위한 최적의 영화 장르, 애니메이션!

영화로 영어를 공부하기로 했다면 영화 장르를 골라야 합니다. 어떤 영화로 영어 공부를 하는 것이 좋을까요? 슬랭과 욕설이 많이 나오는 영화는 영어 학습에는 별로 도움이 되지 않습니다. 실생활에서 자주 쓰지 않는 용어가 많이 나오는 의학 영화나 법정 영화, SF영화도 마찬가지죠. 영어 고수들이 추천하는 장르는 애니메이션입니다. 애니메이션에는 문장 구조가 복잡하지 않으면서 실용적인 영어 표현이 많이 나옵니다. 또한 성우들의 깨끗한 발음으로 더빙 되어있기 때문에 발음 훈련에도 도움이 되죠. 이 책은 디즈니-픽사의 〈소울〉 대본을 소스로, 현지에서 사용하는 생생한 표현을 배울 수 있습니다.

전체 대본을 공부할 필요 없다! 딱 30장면만 공략한다!

영화 대본도 구해놓고 영화도 준비해놨는데 막상 시작하려니 어떻게 공부를 해야 할 지 막막하다고요? 영화를 통해 영어 공부를 시도하는 사람은 많지만 좋은 결과를 봤다는 사람을 찾기는 쉽지 않습니다. 어떻게 해야 효과적으로 영어를 공부할 수 있을까요? 무조건 많은 영화를 보면 될까요? 아니면 무조건 대본만 달달달 외우면 될까요? 이 책은 시간 대비 최대 효과를 볼 수 있는 학습법을 제시합니다. 전체 영화에서 가장 실용적인 표현이 많이 나오는 30장면을 뽑았습니다. 실용적인 표현이 많이 나오는 대표 장면 30개만 공부해도, 훨씬 적은 노력으로 전체 대본을 학습하는 것만큼의 효과를 얻을 수 있죠. 또한 이 책의 3단계 훈련은 30장면 속 표현을 효과적으로 익히고 활용하는 데 도움을 줍니다. ❶ 핵심 표현 설명을 읽으며 표현에 대한 전반적인 이해를 하고 ❷ 패턴으로 표현을 확장하는 연습을 하고 ❸ 확인학습으로 익힌 표현들을 되짚으며 영화 속 표현을 확실히 익히는 것이죠. 유용한 표현이 가득한 30장면과 체계적인 3단계 훈련으로 영화 속 표현들을 내 것으로 만드세요!

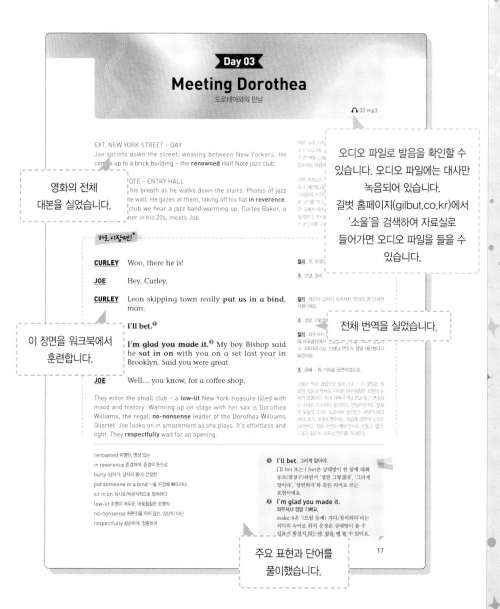

이 책은 스크립트북과 워크북, 전 2권으로 구성되어 있습니다. 이 책은 스크립트북으로 전체 대본과 번역, 주요
단어와 표현 설명이 포함되어 있습니다. 각 Day마다 가장 실용적인 표현이 많이 나오는 장면이 표시되어 있습니다.
이 장면을 워크북에서 집중 훈련합니다.

Day 03

Meeting Dorothea
도로테아와의 만남

🎧 03.mp3

EXT. NEW YORK STREET – DAY
Joe sprints down the street, weaving between New Yorkers. He
comes up to a brick building – the **renowned** Half Note jazz club.

...OTE – ENTRY HALL
...his breath as he walks down the stairs. Photos of jazz
...the wall. He gazes at them, taking off his hat **in reverence**.
...club we hear a jazz band warming up. Curley Baker, a
...mer in his 20s, meets Joe.

바로, 이 장면!

CURLEY   Woo, there he is!

JOE   Hey, Curley.

CURLEY   Leon skipping town really **put us in a bind**, man.

JOE   **I'll bet.**❶

   I'm glad you made it.❷ My boy Bishop said he **sat in on** with you on a set last year in Brooklyn. Said you were great.

JOE   Well… you know, for a coffee shop.

They enter the small club – a **low-lit** New York treasure filled with mood and history. Warming up on stage with her sax is Dorothea Williams, the regal, **no-nonsense** leader of the Dorothea Williams Quartet. Joe looks on in amazement as she plays. It's effortless and tight. They **respectfully** wait for an opening.

renowned 유명한, 명성 있는
in reverence 존경하여, 존경의 뜻으로
burly (남자가, 남자의 몸이) 건장한
put someone in a bind ~을 곤경에 빠뜨리다
sit in on 임시로/비공식적으로 참여하다
low-lit 조명이 어두운, 어둠침침한 조명의
no-nonsense 허튼짓을 하지 않는, 장난이 아닌
respectfully 공손하게, 정중하게

❶ **I'll bet.** 그러게 말이야.
   I'll bet 또는 I bet은 상대방이 한 말에 대해
   동조(맞장구)하면서 '정말 그렇겠네', '그러게
   말이야', '당연하지'와 같은 의미로 쓰는
   표현이에요.

❷ **I'm glad you made it.**
   와주셔서 정말 기뻐요.
   make it은 '(모임 등에) 가다/참석하다'라는
   의미의 숙어로 위의 문장은 상대방이 올 수
   있을지 확실치 않았는데 왔을 때 할 수 있어요.

17

컬리 우, 오셨네!

조 안녕, 컬리.

컬리 레온이 갑자기 사라져서 우리가 참 난처한 상황이에요.

조 정말 그렇겠네요.

컬리 와주셔서
...에 브루클린에서 ...
...고 그러더라고요. 선생님 연주가 정말 대단했다고
들었어요.

조 글쎄… 뭐, 커피숍 공연이었는걸.

...

영화의 전체
대본을 실었습니다.

이 장면을 워크북에서
훈련합니다.

오디오 파일로 발음을 확인할 수
있습니다. 오디오 파일에는 대사만
녹음되어 있습니다.
길벗 홈페이지(gilbut.co.kr)에서
'소울'을 검색하여 자료실로
들어가면 오디오 파일을 들을 수
있습니다.

전체 번역을 실었습니다.

주요 표현과 단어를
풀이했습니다.

조 가드너 Joe Gardner

중학교 기간제 음악 교사인 조는 뉴욕에서 인정받는 재즈 뮤지션이 되는 것이 꿈이에요. 그 꿈을 이룰 기회를 얻었지만, 갑작스러운 추락 사고로 혼수상태에 빠져 버렸네요. 머나먼 저세상에 들어가기 전 필사적으로 탈출한 조는 꿈을 이루기 위해 지구 복귀에 성공할까요?

22

인간의 몸에 들어가기 전 상태의 새 영혼 22는 매사에 부정적이어서 무려 수천 년 이상 지구 가는 것을 거부하고 있어요. 얼떨결에 그녀의 영혼이 조의 몸으로 들어가며 지구에서 인간 체험을 하게 된 22에게 어떤 변화가 찾아 들까요?

도로테아 윌리엄스 Dorothea Williams

뉴욕 최고의 재즈 밴드 리더이자 색소폰 연주자예요. 인정사정 봐주지 않는 거친 카리스마가 압권이랍니다. 그녀와 함께 연주해 보는 것이 조의 꿈이에요.

리바 Libba

맞춤 양장점을 운영하는 생활력 강한 조의 어머니예요. 정규직 제안도 마다하고 뮤지션을 꿈꾸는 아들이 늘 안쓰럽지만 동시에 든든한 조력자이기도 합니다.

카운슬러 제리 Counselor Jerry

태어나기 전 세상에서 아기 영혼들이 고유의 성격을 가질 수 있도록 도와주는 친절한 카운슬러들이에요. 특이하게 이름이 모두 제리랍니다.

Middle School Band Teacher, Joe Gardner

중학교 밴드부 선생님, 조 가드너

🎧 01.mp3

A bad middle school band plays the Disney logo theme. Once it ends...

형편없는 중학교 밴드가 디즈니 로고 음악을 연주한다. 연주가 끝나고...

바로 이장면!*

JOE   (O.S.) Alright! Let's try something else. Uh... **from the top.** Ready? One, two, three...

조 (화면 밖) 좋아! 다른 것도 한번 해 보자. 어... 맨 처음부터. 준비됐지? 하나, 둘, 셋...

INT. MIDDLE SCHOOL BAND ROOM
Joe Gardner, a **passionate**, **well-dressed middle-aged** man, **conducts** an **off-key** middle school band. It's **painfully** bad.

내부. 중학교 밴드부실
열정적이고 스타일이 좋은 중년 남자, 조 가드너가 음정이 틀리는 중학교 밴드를 지휘한다. 정말 형편없는 연주다.

JOE   One, two, three, four! Stay on the **beat!** Two, three four—that's a C Sharp, **horns!**

조 하나, 둘, 셋, 넷! 박자 흐트러지지 말고! 둘, 셋, 넷—그건 C 샵이야, 관악기!

A trombonist loses his trombone end, which **lands** on the floor with a **clank**. A trumpeter uses his horn to **vacuum** up M&Ms from the floor. Caleb, a trumpeter, pretends to play while actually on his iPhone.

트롬본 주자가 트롬본 끝부분을 쨍그랑하며 바닥에 떨어뜨린다. 트럼펫 주자가 바닥에 떨어진 M&M 초콜릿들을 진공청소기로 흡입하듯이 나팔로 흡입한다. 트럼펫 주자, 케일럽은 실은 아이폰을 보고 있지만, 연주하는 체한다.

JOE   Two, three, I see you, Caleb!

조 둘, 셋, 케일럽, 딴짓하는 거 다 보인다!

Startled, Caleb tosses the phone into a **neighboring** student's **sax**.

깜짝 놀라서, 케일럽이 옆에 있는 학생의 색소폰 안으로 휴대폰을 던진다.

JOE   (to another student) Rachel, now you!

조 (또 다른 학생에게) 레이첼, 이제 네 차례야!

But Rachel **lies** across a few chairs.

하지만 레이첼은 몇 개의 의자 위를 가로지르며 누워 있다.

RACHEL   Forgot my sax, Mr. G.

레이첼 색소폰 까먹고 안 가져왔는데요, 미스터 G.

---

from the top 〈구어〉 처음부터

passionate 열정적인

well-dressed 옷을 말쑥하게 잘 차려입은

middle-aged 중년의

conduct 지휘하다

off-key 음정이 틀린

painfully 극도로, 아주 힘들게

beat 박자

horn 호른, 나팔, 뿔, 뿔피리

land (땅/표면에) 내려앉다, 착륙하다

clank 철컥/찔랑/쨍그랑 소리

vacuum 진공청소기로 빨아들이다

startle 깜짝 놀라게 하다

neighboring 이웃의, 근처/인근의, 옆에 있는

sax 색소폰의 준말 (= saxophone)

lie 눕다, 누워 있다

JOE	Okay, she forgot her sax! Aaand now—aaall you, Connie. Go for it!	**조** 이런, 색소폰을 까먹고 왔다네! 그럼 이제— 모두 너, 코니. 네가 해 보거라!

Joe then motions to Connie, a Chinese American girl holding a trombone. She's his last hope. Connie plays her solo, strong and passionate. Joe smiles. But some of the other kids start giggling, and Connie's confidence (and playing) suddenly **wilts**.

조가 트롬본을 들고 있는 중국계 미국인 여학생, 코니에게 손짓한다. 그녀는 그에게 마지막 남은 희망이다. 코니가 자기 솔로 파트를 연주한다. 강력하고 열정적으로. 조가 미소 짓는다. 하지만 다른 아이들이 키득거리기 시작하고 코니의 자신감과 (그리고 연주가) 갑자기 시들해진다.

CALEB	Way to go!	**케일럽** 엄청 잘하는데!

Joe taps his **music stand**.

조가 보면대를 탁탁 친다.

JOE	Hang on, hang on. What are y'all laughing at?	**조** 잠시만, 잠시만. 너희들 모두 왜 웃는 거지?

The kids **quiet down**.

아이들이 조용해진다.

JOE	So Connie got **lost in it**. That's a good thing!	**조** 코니가 음악에 흠뻑 빠져들었잖아. 그건 좋은 거라고!

Connie **stews** in her seat, embarrassed, as Joe addresses the class.

조가 학급 전체에게 말을 하고, 코니는 창피해하며 괴로워한다.

JOE	Look, I remember one time... my dad took me to this jazz club, and **that's the last place that I wanted to be.**❶	**조** 봐라, 선생님은 예전에 이런 기억이 있어... 아빠가 나를 재즈 클럽에 데려가셨는데, 나는 거기에 가는 게 죽기보다 더 싫었거든.

Joe walks to the piano and starts playing while he explains.

조가 피아노로 걸어가고 설명을 이어가면서 연주를 시작한다.

JOE	But then I see this guy. And he's playing these **chords** with **fourths** on it and then, with the minor. Whooo! Then he adds the **inner voices**, and it's like he's ... it's like he's singing. And I swear, the next thing I know... it's like he floats off the stage. That guy was lost in the music. He was in it, and he took the rest of us with him.	**조** 그런데 어떤 남자가 보이는 거야. 그 남자는 4도 화음을 얹어서 코드를 연주하더니, 그러고는 거기에다가 마이너 코드를 얹더라. 우와! 그리고는 내면의 소리들을 더하는데, 이건 뭐 마치 그가... 마치 노래를 하는 것 같다라고. 그리고는 정말로, 정신을 차리고 보니... 그가 무대 위로 붕 떠오른 것만 같았어. 그 남자는 음악에 완전히 빠져 있어. 그는 음악 안에 있었다고. 그리고는 우리 모두를 그와 함께 데려갔지.

---

wilt 〈비격식〉 사람이 처지다/풀이 죽다, 시들다

music stand 악보대, 보면대

quiet down 조용해지다, 평온해지다

be lost in ~에 푹 빠져 있다

ṣtew 괴로워하다, 마음 졸이다

chord 〈음악〉 화음

fourths 4도 화음들

inner voice 내면의 음성

> ❶ **That's the last place that I wanted to be.**
> 나는 거기에 가는 게 너무 싫었어.
>
> 〈주어 + 동사 + the last + 명사 + (that) + I want to + 동사〉는 뭔가 생각만 해도 끔찍할 정도로 하기 싫거나, 누군가를 만나기가 너무 싫을 때 쓰는 패턴이에요. 예를 들어, That's the last thing I want to do. '그건 내가 너무 하기 싫은 일이야.' 이렇게 쓸 수 있어요.

Joe finishes with a beautiful, **dreamy flourish**. The class **is captivated** with his music.

그가 아름답고 몽환적인 과장된 동작으로 이야기를 마친다. 교실의 아이들이 그의 음악에 매료되었다.

JOE   And I wanted to learn how to talk like that. That's when I knew. I **was born to** play. (beat) Connie knows what I mean. Right, Connie?

조 나는 그 연주자처럼 말하는 법을 배우고 싶었어. 그때 나는 알게 되었지. 난 연주자가 될 운명이라고. (정적) 코니는 내 말이 무슨 말인지 알 거야. 그렇지, 코니?

CONNIE   I'm twelve.

코니 전 겨우 12살이에요.

A knock on the classroom door **interrupts**.

교실 문의 똑똑 소리에 대화가 중단된다.

JOE   I'll be right back. Practice your **scales**.

조 금방 돌아올게. 음계 연습해라.

INT. SCHOOL **HALLWAY** – MOMENTS LATER
Joe pops into the hall to speak with Principal Arroyo as bad scales **emanate** from the classroom behind him.

내부, 학교 복도 – 잠시 후
조가 아로요 교장과 이야기를 나누기 위해 복도로 나오는데 그의 뒤에서 형편없는 음계 연주 소리가 들려온다.

PRINCIPAL ARROYO   Sorry to interrupt, Mr. Gardner.

아로요 교장 방해해서 미안해요, 가드너 선생님.

JOE   Heh, heh, you're **doing** my ears **a favor**.

조 헤, 헤, 덕분에 제 귀가 테러를 면했어요.

A student exits the class **doorway** behind Joe.

한 학생이 조 뒤쪽의 교실 문으로 나온다.

STUDENT   Hey!

학생 쌤!

JOE   Not you, **though**. You're good.

조 너 얘기하는 거 아니야. 넌 잘하잖아.

When the student leaves.

학생이 떠나고.

JOE   (whispering) He's not.

조 (속삭이며) 쟤 못해요.

The Principal **chuckles**.

교장이 싱긋 웃는다.

JOE   What can I do for you, Principal Arroyo?

조 아로요 교장 선생님, 제게 무슨 볼일이 있으신가요?

PRINCIPAL ARROYO   I wanted to deliver the good news **personally**!

아로요 교장 좋은 소식이 있어서 직접 전하려고 왔어요!

---

dreamy 꿈을 꾸는 듯한, 공상적인
flourish 과장된 동작
be captivated 넋을 빼앗기다, 매료되다
be born to ~이 될 운명을 타고 나다
interrupt 방해하다, 중단시키다, 가로막다
scale 음계
hallway 복도, 통로
emanate (어떤 느낌, 특징 등을) 발하다/내뿜다

do something/-one a favor ~에게 호의를 베풀다
doorway 출입구, 문설주, 문간
though (문장 끝) 그렇지만, 하지만
chuckle 빙그레/싱긋 웃다
personally 개인적으로, 직접

She **hands** Joe a letter.

PRINCIPAL ARROYO   No more part-time for you. You're now our full-time band teacher! **Job security. Medical insurance. Pension.**

JOE   Wow. That's... great.

PRINCIPAL ARROYO   Welcome to the M.S. 70 family, Joe. **Permanently.**

JOE   Thanks.

Joe **forces** a smile. He **reenters** the classroom and sadly looks at the wall, covered with photos of jazz **greats**.

그녀가 조에게 편지를 건네준다.

아로요 교장 이젠 파트타임으로 일하지 않으셔도 돼요. 선생님은 이제 우리 학교의 정식 밴드부 교사입니다! 고용 보장. 의료 보험. 연금.

조 와우. 그거… 대단하네요.

아로요 교장 M.S.70 가족이 되신 걸 환영해요, 조. 영원히.

조 감사합니다.

조가 억지로 미소 짓는다. 조가 다시 교실로 들어와서 슬픈 표정으로 위대한 재즈 뮤지션들의 사진으로 가득 찬 교실 벽을 바라본다.

---

hand 건네다, 전해 주다

job security 고용 안정, 고용 보장

medical insurance 의료 보험

pension 연금

permanently 영구적으로, 불변으로

force 억지로 ~을 하다, (어쩔 수 없이) ~하게 만들다

reenter ~에 다시 들어오다

great 〈비격식〉 위대한 인물/것

Joe Always Has a Plan

조에게는 항상 계획이 있다

🎧 02.mp3

INT. LIBBA'S TAILOR SHOP
A busy tailor shop **bustling** with activity. Libba, Joe's mother, **hems** a dress on a customer. Libba's assistants, Melba and Lulu, **work away** at **sewing machines**. Joe is folding his **laundry**, poorly.

내부. 리바의 양장점
양장점이 북적거리며 활기가 넘친다. 조의 엄마, 리바가 고객의 옷에 가선을 두르고 있다. 리바의 조수들, 멜바와 룰루가 부지런히 재봉틀을 돌리고 있다. 조가 세탁물을 접고 있는데 엉망이다.

바로 이장면!*

LIBBA	**After all these years**, my prayers have been answered! A full-time job!	리바 이제야 마침내, 나의 간절한 기도가 이루어졌구나! 풀타임 정규직이야!
LULU	Wonderful, wonderful!	룰루 정말 잘됐네요!
MELBA	Workin' man, **comin' through!**❶	멜바 직장인이라니, 해냈어!
JOE	Yeah. But mom I…	조 네, 엄마 하지만 저는…
LIBBA	You're going to tell them yes, right?	리바 당연히 받아들이겠다고 할 거지, 그렇지?
JOE	Don't worry, mom, I got a plan.	조 걱정 마세요, 엄마, 제게 다 계획이 있다고요.

Joe rolls each piece of clothing and **places** it in the basket.

조가 옷을 돌돌 말아서 바구니에 넣는다.

LIBBA	You always got a plan.	리바 계획이야 항상 있었지.

She begins poking the customer with pins as she talks.

그녀가 말하면서 고객을 핀으로 찌르기 시작한다.

CUSTOMER	Ow!	고객 아야!
LIBBA	Maybe you need to have a **backup plan** too…	리바 어쩌면 대체 계획이 필요할 수도 있지 않을까…
CUSTOMER	Ow-ow!	고객 아야-아우!

---

bustle 바삐 움직이다, 북적거리다, 붐비다
hem (옷 등의) 단, 단을 만들다/올리다
work away 계속 일하다, 열심히 노력하다
sewing machine 재봉틀, 봉제 기계
laundry 세탁, 세탁물, 세탁소
after all these years 드디어, 마침내, 아직도
place (조심스럽게) 놓다/두다, 설치하다
backup plan 대안, 예비/대체품

❶ **Coming through!**
(드디어) 해냈어!
이 표현은 큰 물건을 들고 옮길 때 '비켜주세요, 지나가요'라는 의미로 많이 쓰이는데, 여기서는 '무엇을 해내다(완수하다), 성공적으로 나타나다, 살아남다'라는, 조의 정규직 전환 축하 의미로 쓰였어요.

LIBBA	...for when your plan **falls through**.	리바	…네 계획이 틀어질 때를 대비해서 말이야.
MELBA	**A backup plan never hurts.**❶	멜바	대체 계획이 있어서 손해 볼 건 전혀 없죠.
LULU	Mmmhmm.	룰루	물론이지.
JOE	Hm.	조	흠.
LIBBA	Joey. We didn't struggle giving you an education so you could be a middle-aged man washing your underwear in my shop.	리바	조이. 네가 중년이 되어서까지 내 가게에 와서 자기 속옷이나 빨고 있게 하려고 우리가 그렇게 힘들게 네 뒷바라지를 한 건 아니잖니.

Libba holds up a pair of embarrassing underwear from Joe's laundry basket.

리바가 조의 빨래 바구니에서 민망한 속옷을 한 벌 꺼내 들고 있다.

LIBBA	With this job, you'll be able to **put** that **dead-end gigging behind** you. And Lord knows, we need more teachers in this world. And just think, playing music will finally be your real career!	리바	이 일을 하게 되면, 그 밑바닥 공연 인생은 이제 다 잊어버리고 살 수 있을 거야. 정말이지, 이 세상에는 선생님들이 더 많이 필요하다고. 그리고 생각해 봐, 음악을 하는 것이 결국 네 진짜 경력이 되는 거라고!

Joe can see this is a losing battle.

조는 엄마와의 논쟁에서 이길 수 없다는 것을 안다.

LIBBA	So, you're going to tell them yes, right?	리바	그럼, 학교 측의 제안을 받아들이는 거지, 그치?

Joe **is about to protest**...

조가 이의를 제기하려고 하다가…

CUSTOMER	(**pleading**) Please, say yes.	고객	(애원하며) 제발, 그렇게 하겠다고 대답해요.

...but instead closes his mouth.

…포기하고 입을 다문다.

JOE	Yeah. Definitely.	조	네. 물론이죠.
LIBBA	Good.	리바	좋았어.

Bzzz! Joe's phone rings. He **fishes** it **out** and answers.

위잉! 조의 휴대폰이 울린다. 그는 주머니에서 폰을 꺼내 응답한다.

---

fall through 완료/실현되지 못하다
put ~ behind (지난 일을) 잊게 하다, 과거지사로 돌리다
dead-end 막다른 길, 막다른 지경
gig (대중음악가, 코미디언 등) 출연/공연, (임시) 일/직장
be about to 막 하려는 참이다
protest 이의늘 세기하나, 항의/반내하나
plead 애원하다, 간청하다
fish out (물속, 주머니 등) ~을 꺼내다/빼내다

❶ **A backup plan never hurts.**
대안을 마련해서 절대 손해 될 건 없다.
'backup plan (백업플랜)'은 애초의 계획이 뜻한 대로 진행되지 않았을 때를 대비해 마련해 놓는 대체 계획을 뜻합니다. never hurts는 '절대 손해/해가 될 건 없다'라는 의미로, It doesn't hurt to ask. '물어봐서 손해 될 건 없잖아.'라고 쓰입니다.

JOE   Hello?

CURLEY   (O.S.) **How you been**, Mr. G? Uh, it's Curley. Lamont, Lamont Baker.

Joe **turns away** from Libba as she **tends** to the customer.

JOE   Hey! Curley! Hey, good to hear your voice, man. Uh, listen, you can call me Joe now, Curley. I'm not your teacher anymore.

CURLEY   (O.S.) Okay, Mr. Gardner. Hey, look, I'm the new drummer in the Dorothea Williams **Quartet** and we're **kicking off** our **tour** with a show at the Half Note tonight.

JOE   Dorothea Williams?! Are you kidding me? **Congratulations**, man! Wow, I would die a happy man if I could **perform with** Dorothea Williams.

CURLEY   (O.S.) Well, this could be your **lucky day**!

조 여보세요?

컬리 (화면 밖) 선생님, 잘 지내셨어요? 어, 저 컬리예요. 라몬트, 라몬트 베이커.

리바가 고객에게 신경 쓰는 동안 조가 그녀에게서 멀어진다.

조 그래! 컬리! 야, 네 목소리 들으니 반갑구나. 어, 있잖아, 이제 그냥 '조'라고 불러도 돼. 컬리, 지금은 네 선생님도 아닌걸.

컬리 (화면 밖) 네, 가드너 씨. 저, 있잖아요, 제가 도로테아 윌리엄스 쿼텟의 새 드러머가 되었는데요, 오늘 밤 '하프노트'에서 순회공연의 첫 연주를 하게 됐어요.

조 도로테아 윌리엄스?! 장난하는 거 아니지? 이야, 정말 축하해! 와, 나도 도로테아 윌리엄스와 함께 연주할 수 있다면 죽어도 소원이 없겠다.

컬리 (화면 밖) 음, 오늘이 선생님께 운 좋은 날이 될 수도 있겠네요!

How you been? 잘 지냈니? (How have you been에서 have가 생략)

turn away 돌아서다

tend 돌보다, 보살피다, 시중들다

quartet 사중주, 4인조

kick off (경기가) 시작되다

tour 순회 공연

congratulation 축하해(요)

perform with ~ ~와 연주하다

lucky day 길일, 운수 좋은 날

Meeting Dorothea
도로테아와의 만남

🎧 03.mp3

EXT. NEW YORK STREET – DAY
Joe sprints down the street, weaving between New Yorkers. He comes up to a brick building – the **renowned** Half Note jazz club.

INT. HALF NOTE – ENTRY HALL
Joe catches his breath as he walks down the stairs. Photos of jazz greats line the wall. He gazes at them, taking off his hat **in reverence**. Deep in the club we hear a jazz band warming up. Curley Baker, a **burly** drummer in his 20s, meets Joe.

외부. 뉴욕 거리 – 낮
조가 뉴요커들 사이를 누비며 거리를 질주한다. 그가 한 벽돌 건물에 다가선다 – '하프노트' 재즈 클럽이라는 이름으로 유명한 곳이다.

내부. 하프노트 – 입구 복도
조가 계단을 내려가면서 숨을 고른다. 벽에 재즈계 거장들의 사진이 쭉 걸려 있다. 조가 존경의 표시로 모자를 벗고 그 사진들을 응시한다. 클럽 깊숙한 곳에서 재즈 밴드의 공연 준비를 위한 연주가 들려온다. 20대의 건장한 드러머, 컬리 베이커가 조와 인사를 나눈다.

바로 이장면!*

CURLEY	Woo, there he is!	**컬리** 우, 오셨어요!
JOE	Hey, Curley.	**조** 안녕, 컬리.
CURLEY	Leon skipping town really **put us in a bind**, man.	**컬리** 레온이 갑자기 사라져서 우리가 참 난처한 상황이에요.
JOE	I'll bet.❶	**조** 정말 그렇겠네.
CURLEY	I'm glad you made it.❷ My boy Bishop said he **sat in on** with you on a set last year in Brooklyn. Said you were great.	**컬리** 와주셔서 다행이에요. 내 친구 비숍이 작년에 브루클린에서 선생님과 연주할 기회가 있었다고 그러더라고요. 선생님 연주가 정말 대단했다고 들었어요.
JOE	Well… you know, for a coffee shop.	**조** 글쎄… 뭐, 커피숍 공연이었는걸.

They enter the small club – a **low-lit** New York treasure filled with mood and history. Warming up on stage with her sax is Dorothea Williams, the regal, **no-nonsense** leader of the Dorothea Williams Quartet. Joe looks on in amazement as she plays. It's effortless and tight. They **respectfully** wait for an opening.

그들이 작은 클럽으로 들어간다 – 이 클럽은 쓸쓸한 기운과 역사로 가득한 어두침침한 조명의 뉴욕의 보물이다. 무대 위에서 색소폰을 들고 연주하는 사람은 도로테아 윌리엄스, 당당하면서도 절제된 모습의 그녀는 도로테아 윌리엄스 퀘텟의 리더이다. 조가 그녀의 연주하는 모습을 경외의 눈으로 바라본다. 힘을 완전히 뺐으면서도 빈틈이 없다. 그들이 공손히 오프닝 연주를 기다린다.

---

renowned 유명한, 명성 있는
in reverence 존경하여, 존경의 뜻으로
burly (남자가, 남자의 몸이) 건장한
put someone in a bind ~을 곤경에 빠뜨리다
sit in on 임시로/비공식적으로 참여하다
low-lit 조명이 어두운, 어두침침한 조명의
no-nonsense 허튼짓을 하지 않는, 장난이 아닌
respectfully 공손하게, 정중하게

❶ **I'll bet.** 그러게 말이야.
I'll bet 또는 I bet은 상대방이 한 말에 대해 동조(맞장구)하면서 '정말 그렇겠네', '그러게 말이야', '당연하지'와 같은 의미로 쓰는 표현이에요.

❷ **I'm glad you made it.** 와주셔서 정말 기뻐요.
make it은 '(모임 등에) 가다/참석하다'라는 의미의 숙어로 위의 문장은 상대방이 올 수 있을지 확실치 않는데, 왔을 때 쓸 수 있어요.

CURLEY	Hey, Dorothea, this is the **cat** I was telling you about. My old middle school band teacher, Mr. Gardner!	컬리 저, 도로테아. 이분이 제가 전에 얘기했던 그 연주자예요. 제 중학교 밴드 선생님, 가드너 씨 예요!
JOE	Call me Joe, Dorothea. I mean, um... Ms. Williams. It's a pleasure. Wow. This is amazing.	조 조라고 불러주세요. 도로테아. 아니 그러니까, 음… 윌리엄스 씨. 반갑습니다. 우와. 정말 놀랍 네요.
	She's not impressed.	그녀는 별 감흥이 없다.
CURLEY	Joe is Ray Gardner's son.	컬리 조는 레이 가드너의 아들이에요.
	Still not impressed.	여전히 감흥이 없다.
DOROTHEA	So, we're **down to** middle school band teachers now.	도로테아 그래, 우리가 이제 중학교 밴드 선생 수 준까지 내려간 건가.

Joe doesn't know what to say. Finally, Dorothea rises from her chair.

조는 뭐라 할 말이 없다. 마침내, 도로테아가 의자 에서 일어선다.

DOROTHEA Get on up here, Teach. **We ain't got all day.**❶

도로테아 이리 올라와요. 선생. 여기 온종일 전세 낸 거 아니니까.

Joe barely sits down at the piano when Dorothea starts playing. The **bassist**, Miho Akagi, and drummer join without missing a beat.

도로테아가 연주를 시작하자 조가 겨우 피아노에 자리를 잡고 앉는다. 더블 베이스 연주자, 미호 아 카기, 그리고 드러머가 정확한 박자에 맞춰 연주에 합류한다.

JOE   (confused) What... what are we playing—?

조 (당황하며) 어떤… 지금 어떤 곡 연주하는 거죠—?

Dorothea doesn't answer. Joe misses a few beats but jumps into the music, trying to keep up and figure out where the music is going. He finally **eases into** the tune when Dorothea stops playing and points to him – a signal for Joe to solo. She **looks off** stage and listens. Joe takes a deep breath, closes his eyes, and concentrates on the keys. The music flows into an incredible solo. The room slips away as Joe **goes into the zone**, a place we'll come to know as the **Astral Plane**. He finally comes out of his **trance**, and looks up to see the band has stopped playing. Everyone is staring at him.

도로테아가 대답하지 않는다. 조가 몇 박자를 놓치 지만 곡의 흐름을 파악하며 연주에 합류한다. 그 가 마침내 자연스럽게 연주에 어울리자 도로테아 가 연주를 멈추고 그에게 손짓한다 – 조에게 솔 로 연주하라는 신호. 그녀가 무대에 눈을 떼며 귀를 기울인다. 조가 심호흡을 하고, 눈을 감으며 건반에 집중한다. 음악이 멋진 솔로 연주로 흘러들 어 간다. 조가 무아지경에 빠져들며 그 공간이 사 라진다. 그가 마침내 무아지경에 빠져나와, 고개 를 돌자 밴드가 연주를 멈추었다. 모두 그를 빤히 쳐다보고 있다.

---

cat 〈속어〉 녀석, 놈, 재즈광, 재즈 연주자

be down to (~의 수준/정도까지) 내려온

bassist 더블 베이스, 베이스 기타 연주자

ease into ~에 익숙해지다, 친숙해지다

look off ~에서 눈을 떼다, 다른 곳을 보다

go/get into the zone 심하게 몰입하여 무아지경이 되다

astral plane 아스트랄계 (요가에서 말하는 육체와 분리된 영적 세계)

trance 무아지경, 가수 상태

❶ **We ain't got all day.**
그러고 있을 시간 없어, 서둘러.
직역하면 '우리는 온종일을 가지고 있지
않다'인데, '우리에게 주어진 시간은 온종일이
아니고 얼마 되지 않는다'는 의미예요. 시간이
얼마 없으니 빈둥거리지 말고 어서 서두르라고
말할 때 쓰는 표현이랍니다.

JOE	Uh, sorry. I **zoned out** a little back there. Heh.	**조**	어, 죄송해요. 제가 좀 심하게 몰입했네요. 헤.

Joe thinks he**'s doomed**. Dorothea just stares. Finally:

조가 이제 망했다고 생각한다. 도로테아가 멍하니 쳐다보다가, 마침내:

DOROTHEA	Joe Gardner, where have you been?	**도로테아**	조 가드너, 그동안 어디 있었던 거죠?
JOE	I've been uh... teaching... middle school band, but on weekends I—	**조**	제가 어… 가르치다가… 중학교 밴드를. 하지만 주말에는 제가—
DOROTHEA	You got a suit?	**도로테아**	양복 있어요?
JOE	I...!	**조**	제가…!
DOROTHEA	Get a suit, Teach. A good suit. Back here tonight. First show's at 9. **Soundcheck**'s at 7. We'll see how you do.	**도로테아**	양복 한 벌 챙겨요, 선생. 멋진 걸로. 오늘 밤에 여기 다시 와요. 첫 공연은 9시, 사운드 체크는 7시에 할 거예요. 실력이 어떤지 한번 볼게요.

She **walks offstage**.

그녀가 무대 밖으로 걸어간다.

EXT. THE HALF NOTE
Joe **explodes** out of the club.

외부. 하프노트
조가 클럽 밖으로 힘차게 뛰쳐나간다.

JOE	Yes! Whoo hoo! (at the sky) You see that, Dad! **That's what I'm talking about!**❶	**조**	예쓰! 우 후! (하늘을 보며) 그것 봐요, 아빠! 제가 말한 게 바로 이거라고요!

A man passes by with a **stroller**. Joe runs up to him, pointing up at the Half Note **marquee**.

한 남자가 유모차를 밀며 지나간다. 조가 그에게 달려가서 하프노트 간판을 가리킨다.

JOE	Look up, look up! You know what that's gonna say? Joe Gardner! Ha Ha!	**조**	저기 좀 봐요, 좀 보라고요! 저기 뭐라고 쓰여 있을 건지 알아요? 조 가드너! 하하!

Joe dances around him and heads down the street.

조가 그 옆에서 신나게 몸짓하고 길을 걸어 간다.

CUT TO:
Joe turns the corner, still **on his cell phone**:

장면 전환:
조가 모퉁이를 도는데, 여전히 휴대폰으로 통화 중이다:

---

zone out 멍해지다, 의식을 잃다, 멍 때리다
be doomed 운이 다한, 망한
soundcheck (녹음실, 콘서트장 등) 음향기기 성능 확인
walk/go/come offstage 무대에서 내려오다/물러나다
explode 폭발하다, 터지다, (거세게) 갑자기 ~하다
stroller 유모차
marquee 대형 천막, (극장, 호텔 등의 입구 위에 친) 차양
be on the phone 통화 중이다

❶ **That's what I'm talking about!**
내 말이 바로 그거야!
누군가의 행동이나 말, 또는 어떤 일이 내가 원하던/바라던 방식으로 이루어졌을 때 그 행동/발언/일/상황 등을 강하게 지지하면서 '그래 바로 저 거지! 암 그렇고 말고!'라는 의미로 쓰는 표현이에요.

JOE You're never gonna believe what just happened! I did it. I got the gig! Yes!

조 지금 방금 무슨 일이 일어났는지 절대 못 믿을 걸! 내가 해냈어. 연주자로 뽑혔다고! 예스!

EXT. NEW YORK STREETS
Joe is on his phone, spreading the good news, **oblivious** to the city around him.

외부. 뉴욕 거리
조가 통화하며 기쁜 소식을 전하느라 그의 주변 상황은 전혀 의식하지 못하고 있다.

JOE I know! I know! Dorothea Williams! Can you believe it!?

조 그래! 그렇다니깐 도로테아 윌리엄스라고! 이 게 믿기니!?

CUT TO:
Construction site. Joe walks right under a huge **pallet** of bricks as it's lifted into the air. **A bunch of** bricks fall, **just missing** him.

장면 전환.
공사 현장. 대형 벽돌 운반대가 공중으로 올라가는 데 조가 바로 그 밑으로 걸어간다. 벽돌들이 마구 쏟아지며 그를 거의 맞힐 뻔한다.

CONSTRUCTION WORKER Hey, pal! You're gonna get hurt!

공사장 인부 이봐요! 그러다가 다쳐요!

But Joe doesn't hear her.

하지만 조는 그녀의 목소리가 들리지 않는다.

CUT TO:
Busy intersection. Joe **absently** steps into traffic.

장면 전환.
교통량이 많은 교차로, 조가 아무 생각 없이 도로 위로 올라간다.

JOE Just don't tell my mom about this, okay?

조 우리 엄마한테는 말하지 마라, 알겠지?

A huge bus **misses him by inches**. He doesn't notice.

거대한 버스가 그와 거의 충돌할 뻔한다. 그는 눈 치채지 못한다.

CUT TO:
Outside various **storefronts**. Still oblivious, Joe walks through a **sidewalk littered** with split banana peels, then through a pile of **overturned** nails. Amazingly, he avoids disaster while on his phone:

장면 전환.
여러 가게의 외부. 인도 위에 찢어진 바나나 껍질 들이 흐트러져 있고, 뒤집힌 못들이 쌓여 있는데 조는 여전히 주변 상황을 의식하지 못하고 그 사 이로 걸어간다. 놀랍게도, 그는 통화하면서 모든 위험한 상황들을 피해간다.

JOE Forget class. I'm in a different class. I'm in a Dorothea Williams class **buddy**. You know what I'm saying?

조 수업은 이제 신경 안 써. 난 이제 레벨이 다르 다고. 나는 도로테아 윌리엄스 레벨이라고 이 친구 야. 무슨 말인지 알지?

CUT TO:
Street corner. Joe turns a corner, phone still to his ear. He nearly runs into a man with an angry dog. The dog **lunges at** Joe, barking:

장면 전환.
길모퉁이. 조가 여전히 귀에 휴대폰을 대고 모퉁이 를 돈다. 그는 사나운 개를 잡고 있는 남자와 부딪 칠 뻔한다. 개가 짖으며 조에게 덤벼든다:

---

oblivious 의식/자각하지 못하는

construction site 건축/공사 현장

pallet (목재, 철재의 대형) 화물 운반대

a bunch of 다수의

just miss 간신히 면하다/비껴가다

busy intersection 교통량이 많은 교차로

absently 멍하니, 무심코

miss somebody/-thing by inches 아슬아슬하게 ~을 놓치다

storefront 가게의 앞쪽 (공간)

sidewalk 보도, 인도

litter (공공장소에 버려진 쓰레기) 흐트러져 어지럽히다

overturned 뒤집힌

buddy 〈비격식〉 친구, 단짝, 이봐, 자네

street corner 길모퉁이

lunge at (사람을 공격하려고) 달려들다, 돌진하다

JOE   Whoa, whoa, sorry!

Joe **turns on his heel** to **avoid** the dog. He starts walking into the middle of the street. A motorcycle **narrowly** misses him. Whew! **That was close.**❶ **Confident** he missed death, he **takes a step forward**... and falls **right** into a **manhole**.

JOE   Aahhh!

조 워, 워, 미안해!

조가 개를 피하려고 휙 돌아선다. 그는 길거리 한 복판으로 걷기 시작한다. 오토바이가 거의 그를 칠 뻔한다. 휴! 정말 아슬아슬했다. 죽음을 피했다는 확신에 그가 앞으로 한 발 내딛는데… 맨홀에 쏙 빠지고 만다.

조 아아아!

---

turn on one's heel 휙 돌아서다, 갑자기 떠나다

avoid 피하다

narrowly 가까스로, 아슬아슬하게

confident 자신감 있는, (전적으로) 확신하는

take a step forward 한 발 앞으로 나아가다

right 즉시, 곧바로, 완전히

manhole 맨홀

❶ **That was close.**
큰일 날 뻔했네.
'아, 큰일 날 뻔했다', '거의 부딪칠 뻔했다', '아, 아깝다', 등 어떤 일이 거의 일어날 뻔했으나 실제로는 일어나지 않았을 때 쓰는 표현이에요.

Disney·PIXAR
SOUL

The Great Beyond

머나먼 저세상

🎧 04.mp3

EXT. **LIMBO** – **SLIDEWALK**
Oof! Joe **lands** with a **thud** on a moving slidewalk, **akin to** those in airports. He's now a **luminous** soul. Joe looks into the darkness, then notices his hands and feet are different, glowing.

외부, 림보 – 슬라이드워크
으악! 조가 공항에서 보는 것과 유사한 움직이는 슬라이드워크 위로 쿵 하며 떨어진다. 이제 그는 어둠에서 빛나는 영혼이다. 조가 어둠 속을 본다. 그러고는 자신의 손과 발이 예전과는 다르게 광채가 나는 것을 눈치챈다.

JOE   What the—?

조 대체 이건—?

He looks around, confused.

그가 혼란스러워하며 주위를 둘러본다.

JOE   Hello? Hello!

조 누구 없어요? 여보세요!

He looks to where the slidewalk is headed: A giant white light in the near distance – The Great **Beyond**!

그는 슬라이드워크가 향하는 방향을 본다: 가까이서 거대한 백색광이 비춘다 – 머나먼 저세상!

JOE   What the—?

조 맙소사—?

He turns and walks the **other way**. But the sliding **walkway counteracts** Joe, causing him to walk **in place**. He looks behind him. The Great Beyond is still there. Joe gasps, turns and runs.

그가 돌아서서 반대 방향으로 걷는다. 이동식 통로가 조가 움직이는 반대 방향으로 움직여서 그를 제자리에서 걷게 한다. 조가 뒤를 돌아본다. 머나먼 저세상은 여전히 거기에 있다. 조가 헉 놀라며 돌아서서 달린다.

JOE   Hey, hey, hey! Hello!

조 이봐, 이봐, 이봐 이봐요!

In the distance he sees three **figures** standing on the slidewalk. Joe runs to them.

저 멀리 슬라이드워크에 세 개의 형체가 서 있는 게 보인다. 조가 그들을 향해 달려간다.

JOE   Hello!

조 저기요!

GEREL   Oh, what's your name, honey?

제렐 오, 자네 이름이 어떻게 되지?

Limbo 〈가톨릭〉 림보, 지옥의 변방 (지옥과 천국 사이에 있는 곳), 망각의 구렁
slidewalk 미끄러지듯 앞으로 움직이는 보도 (공항의 '무빙워크')
land (땅 표면에) 내려앉다, 착륙하다
thud 쿵, 퍽, 툭
akin to ~에 유사한
luminous 어둠에서 빛나는, 야광의
beyond ~저편에/너머, 그 너머에
other way 다른/반대 방향으로, 역으로

walkway (지면보다 높게 만든) 통로/보도
counteract 대응하다, (~의 영향을) 제어/중지하다
in place 제자리에 (있는)
in the distance 저 멀리, 먼 곳에
figure (멀리서 흐릿하게 보이는) 사람/모습

바로 이장면! *

JOE	I'm Joe. Joe Gardner. Look, I'm not supposed to be here!

The others look at each other.

GEREL	Ah, it must have been sudden for you. (**approaching** Joe) You see Joe, I'm 106 years old. Been waiting a long time for this.
JOE	For what?

She points ahead.

GEREL	The Great Beyond.
JOE	The Great Beyond!? As in, **as in** beyond… life!?
AMIR	Yeah.
JOE	That's death right there!
MIALI	(**subtitled**) This beats my dream about the **walrus**.
GEREL	Exciting, isn't it!?
JOE	No! NO, no, no! Listen, I have a gig tonight! I can't die now!
AMIR	Well, I really don't think you have a lot to say about this.
JOE	Yes! Yes, I do. I'm not dying the very day I got my **shot**. I'm **due**! Heck, I'm **overdue**! Nah ah. **I'm outta here.**❶

조 저는 조예요. 조 가드너. 저기요, 저는 여기에 있으면 안 돼요!

그들이 서로 쳐다 본다.

제럴 아, 이 일을 갑자기 겪게 됐군. (조에게 다가서며) 이봐 조, 나는 106살이네. 난 이것을 오랫동안 기다려 왔다네.

조 뭐 때문에요?

그녀가 앞쪽을 가리킨다.

제럴 머나먼 저세상.

조 머나먼 저세상!? 그러니까 그건, 저편… 인생의?

아미르 맞아요.

조 저기 있는 게 바로 죽음이군요!

미알리 (자막) 내가 꿨던 바다코끼리 꿈보다 더 환상적이야.

제럴 정말 멋지지, 안 그런가?

조 아니야. 안 돼, 안 돼, 안 돼. 저기요, 저는 오늘 밤에 공연이 있다고요! 지금 죽을 수는 없어요!

아미르 흠, 당신이 뭐 이렇다 저렇다 말할 수 있는 문제는 아닌 건 같은데요.

조 맞아요! 네, 저는 할 말이 많다고요. 내 인생의 기회를 맞은 바로 그날 죽을 순 없다고요. 이제서야 나의 때가 온 거라고요! 젠장, 그것도 원래 이미 왔어야 할 건데 너무 늦게 온 거예요! 이러는 건 진짜 아니죠. 저는 여기서 나갈 거예요.

---

approach 다가가다/오다, (다가가서) 말을 하다
as in ∼의 경우(에서)와 같이
subtitle (영화, TV 화면의) 자막, 자막 처리하다
walrus 바다코끼리
shot 시도, 해 보기, 기회
be due ∼일 예정이나, ∼하기도 되어 있다
heck 젠장, 제기랄 (hell의 순화된 표현)
overdue 기한이 지난, 벌써 행해졌어야 할

❶ **I'm outta here.**
난 이제 간다.
outta는 out of를 구어체에서 발음 나는 대로 표기하는 방식이에요. I'm out of here. 또는 I'm outta here.는 여기에 더 이상 머무르지 않고 '떠난다/나간다'라는 표현이에요. I'm going to get out of here.와 같은 뜻이라고 볼 수 있어요.

Joe walks away from them.

조가 그들의 반대 방향으로 걸어간다.

GEREL   I don't think you're supposed to go that way.

제럴 그쪽으로 가면 안 될 것 같은데.

But Joe keeps walking, against the slidewalk's flow.

하지만 조는 계속 걷는다. 슬라이드워크의 흐름을 거슬러.

JOE   (to himself) This can't happen. I'm NOT dying today. Not when my life just started!

조 (자신에게) 이럴 수는 없어. 난 절대 오늘 죽지는 않을 거야. 내 인생이 이제 막 시작했는데 그럴 수는 없지!

He turns to see where the three other souls went. The slidewalk climbs up into the distance, into the white **maw** of the Great Beyond. The trio of souls **ascend** into it, then disappear with a **crackle** – Flzzt! Joe **freaks**:

그가 다른 세 영혼이 어디로 갔는지 보려고 돌아선다. 슬라이드워크가 저기 있는 머나먼 저세상의 하얀 구멍 속으로 올라간다. 영혼 3인방이 그 속으로 올라가다가 '치직' 소리와 함께 사라진다 – 치지직 조가 경악한다.

JOE   What was that? Wait!

조 어떻게 된 거지? 잠시만!

He **bolts**, running **desperately against the** slidewalk's **flow**.

그가 슬라이드워크의 흐름을 거스르며 필사적으로 달린다.

JOE   I'm not finished! I gotta get back! I don't wanna die!!! I'm not done! I'm not done!

조 난 끝나지 않았어! 돌아가야 한다고! 난 죽고 싶지 않아!!! 난 안 끝났어! 안 끝났다고!

He comes to another soul, Winston, strangely **disinterested**.

그가 다른 영혼, 윈스턴과 마주친다. 이 영혼은 이상하게도 덤덤하다.

JOE   Run!!! Why aren't you running??

조 달려요!!! 왜 안 뛰는 거죠??

WINSTON   I don't know...

윈스턴 몰라요...

JOE   **What is wrong with you people?!❶**

조 여기 있는 사람들은 대체 다 왜 이런 거죠?!

WINSTON   (shrugs) I don't know...

윈스턴 (어깨를 으쓱하며) 글쎄요...

Joe keeps running. He passes another soul, Jang-mi:

조는 계속 달린다. 장미라고 하는 또 다른 영혼 옆을 지나간다:

JANG-MI   (in Korean) Where are my pants?

장미 (한국어로) 내 바지 어디 갔어?

---

maw (뭐든지 집어삼킬 듯 쩍 벌어진) 구멍/구렁텅이

ascend 〈격식〉 오르다, 올라가다

crackle (불이 탈 때) 탁탁/따닥/치직 하는 소리

freak 〈비격식〉 기겁하다, 기겁하게 만들다

bolt 갑자기 달아나다. (음식을) 급히 먹다

desperately 필사적으로, 절박하게

against the flow 흐름을 거슬러서, 순리를 거역하며

disinterested 〈비격식〉 무관심한, 덤덤한

❶ **What is wrong with you people?**
당신들 대체 왜 이러는 거예요?
wrong은 '잘못된, 틀린'이라는 뜻의 형용사로 이 문장을 직역하면 '당신들 무엇이 잘못된 거요?', 의역하면 '당신들은 대체 뭐가 잘못된 사람들인데 이렇게 이상한 행동을 하는 것인가요?'라는 의미가 됩니다.

Joe runs into a crowd of souls. Some are **blissfully aware** and **unaware**, some **freaking out in their own way**, and in other languages.

JOE   I'm not done!

Panicked, Joe tries pushing through them.

JOE   Ahh!! Oh my goodness, oh my goodness. Sorry! Sorry! Excuse me! Help! I'm not done! I gotta get back!

Finally, Joe jumps onto their heads and runs. But the Great Beyond grows even closer. Finally, he tries **launching** himself off the slidewalk completely. But he **smacks** against a **cellophane**-like **barrier**. Just in front, souls are being **zapped** into the Great Beyond **by the handfuls**. It's nearly his **turn**! Joe **claws** at the barrier, screaming, desperate! Finally, he **rips** through it and falls...

조가 여러 영혼이 모여 있는 곳에 이른다. 기쁨에 겨워하는 영혼들도 있고, 죽은 것을 자각하지 못하는 영혼들도 있고, 다양한 언어로 각자의 방식대로 소스라치기도 한다.

조 난 안 끝났다고!

공황 상태에 빠져서, 조가 그들을 밀치며 나아가려고 한다.

조 아에! 맙소사, 맙소사. 죄송해요! 죄송해요! 실례합니다! 도와주세요! 난 안 끝났어! 돌아가야 한다고!

결국, 조는 그들의 머리 위로 뛰어올라 달린다. 하지만 머나먼 저세상은 더욱 가까워지고 있다. 마침내, 그는 슬라이드워크에서 완전히 벗어나기 위해 날아오른다. 하지만 셀로판지 같은 장벽에 딱 부딪힌다. 바로 앞에서, 영혼들이 머나먼 저세상으로 한꺼번에 몇 명씩 빨려 들어가고 있다. 이제 거의 그의 차례! 조가 비명을 지르며 장벽에 필사적으로 매달린다! 결국, 그가 장벽을 거칠게 뚫고 들어가며 떨어진다…

---

blissfully 더없이 행복하게, 기쁨에 겨워

aware 알고 (의식하고) 있는, 눈치채고 있는

unaware 〜을 알지/눈치채지 못하는

freak out 몹시 흥분하다, 자제력을 잃다

in one's own way 자기 나름대로

panicked 겁에 질려 어찔 줄 모르는, 공황 상태

launch (조직적인 일을) 시작/개시/착수하다

smack (벌로, 손바닥으로) 때리다, 세게 부딪치다

cellophane 셀로판

barrier 장벽, 장애물

zap 재빠르게 하다, 해치우다, 없애 버리다

by the handful 손 한 줌/움큼씩

turn (무엇을 할) 차례, 순번

claw (손톱, 발톱으로) 할키다/긁다

rip (잡아) 찢다, 째다

The Great Before

태어나기 전 세상

🎧 05.mp3

EXT. THE GREAT BEFORE
A portal opens, dropping Joe in what appears to be tall grass. He watches as the portal closes above him. He slowly gets up and looks around another world. Beautiful buildings, **Elysian** fields and glowing crowds of strange, **fuzzy beings** – New Souls.

A **rambunctious** group of them are gathered around a Counselor, a taller, **ethereal** being that looks **vaguely** human. The Counselor spots Joe. He quickly ducks down. But too late. One of the new souls finds him and pokes his face, laughing. Joe pushes it away, but other new souls arrive, surrounding him. One bites him.

JOE   Ow!

The Counselor, Jerry, appears as the new souls toss Joe into the air happily.

COUNSELOR JERRY   Now, now, everyone, let's give the Mentor some room. (to Joe) Sorry – new souls.

But the souls continue to crowd Joe. One pulls at his mouth.

COUNSELOR JERRY   37, that's enough. Hey everyone, look here! **Quiet coyote!**❶ Shh! Quiet coyote!

Like a kindergarten teacher, Counselor Jerry holds up two fingers. Immediately the other souls **mimic** her and **quiet down**.

JOE   Who are you?

외부. 태어나기 전 세상
관문이 열리고, 조는 키 큰 잔디처럼 보이는 곳에 떨어진다. 조가 그의 위로 관문이 닫히는 것을 바라본다. 그가 천천히 일어나면서 또 다른 세계를 둘러본다. 아름다운 건물들이 있는 천국 같은 곳에 광채가 나는 기묘한 솜털 같은 존재들이 있다 – 새 영혼들.

조금은 인간처럼 생기고 다른 영혼들보다 키가 큰 천상계의 카운슬러 주변으로 까불까불한 영혼들이 모여 있다. 카운슬러가 조를 발견한다. 그가 재빨리 몸을 수그린다. 하지만 이미 늦었다. 새 영혼 중의 하나가 조를 발견하고는 웃으며 그의 얼굴을 쿡 찌른다. 조가 밀치지만 다른 새 영혼들이 다가와서 그의 주위로 둘러선다. 한 영혼이 그를 문다.

조 아야!

새 영혼들이 즐거워하며 조를 헹가래 치고 있는 가운데 카운슬러 제리가 나타난다.

카운슬러 제리 자, 자, 얘들아, 멘토에게 좀 숨 쉴 공간을 줘야지. (조에게) 미안해요 – 새 영혼들이 다 보니.

하지만 영혼들이 계속 조 주변에 모여 있다. 하나는 그의 입을 잡아당긴다.

카운슬러 제리 37, 그만. 모두들, 여길 봐! 조용! 쉿! 조용!

유치원 선생님처럼 카운슬러 제리가 두 손가락을 치켜든다. 즉각적으로 다른 영혼들이 그녀의 행동을 따라 하면서 암전해진다.

조 당신은 누구신가요?

Elysian 〈문예체〉 천국의, 엘리시움의
fuzzy 솜털이 보송보송한
being 존재, 실재, 생명체
rambunctious 떠들썩한, 활기 넘치는, 제멋대로의
ethereal 〈격식〉 지극히 가볍고 여린, 천상의
vaguely 모호/애매하게, 흐릿하게, 약간
mimic 흉내를 내다, 모방하다
quiet down 평정을 되찾다, 조용해지다

❶ **Quiet coyote**
쉿, 조용!
수업 시간에 시끄러운 아이들을 조용히 시킬 때 선생님들이 흔히 쓰는 표현으로 중지와 약지를 엄지와 함께 붙이고 검지와 새끼손가락을 위로 치켜들어 손으로 여우 모양을 만들어 외칩니다. coyote '코요테'는 갯과에 속하는 북미산 야생 동물로 여우와 비슷하게 생겼어요.

COUNSELOR JERRY A	I am the coming together of all **quantized** fields of the universe, appearing in a form your **feeble** human brain can **comprehend**.	카운슬러 제리A	나는 미약한 인간들의 뇌가 이해할 수 있는 모습으로 나타난 우주의 모든 양자장의 합체인 존재예요.
JOE	What?	조	뭐라고요?

바로 이장면!*

COUNSELOR JERRY A	You can call me Jerry.	카운슬러 제리A	제리라고 부르세요.
JOE	Jerry. Okay. Hey, is this heaven?	조	제리. 알았어요. 그런데, 여기는 천국인가요?
COUNSELOR JERRY A	Ha ha, no!	카운슬러 제리A	하하, 아니요!
JOE	(cautious) Is it... **H-E-double hockey sticks?**❶	조	(조심스럽게) 그러면 여기는… H-E-하키 두 짝?

A new soul pops up over Joe's shoulder.

새 영혼이 조의 어깨 위로 튀어 오른다.

NEW SOUL	Hell!	새 영혼	지옥!
NEW SOULS	Hell! Hell! Hell!	새 영혼들	지옥! 지옥! 지옥!
COUNSELOR JERRY A	Shhh. Quiet coyote! (to Joe) It's easy to **get turned around**. This isn't the Great Beyond. It's the Great Before!	카운슬러 제리A	쉿. 조용! (조에게) 길을 잃는 경우가 많더라고요. 여기는 머나먼 저세상이 아니에요. 여기는 태어나기 전 세상이랍니다!
JOE	The Great Before?	조	태어나기 전 세상?
COUNSELOR JERRY A	Oh, we call it the You Seminar now. **Rebranding**.	카운슬러 제리A	아, 지금은 유 세미나라고 불러요. 리브랜딩 해서.

Joe **takes in** the **odd** surroundings, filled with playful new souls.

조가 활달한 새 영혼들로 가득 찬 특이한 환경을 유심히 살핀다.

JOE	Does this mean I'm ... dead?	조	그 얘기는 그러니까 제가… 죽었다는 건가요?

---

quantize 양자화하다, 양자역학을 적용하다

feeble 아주 약한, 허약한, 미미한

comprehend (충분히) 이해하다

cautious 조심스러운, 신중한

get turned around 길을 잃다 (= to get/become lost)

rebrand (기업/조직 등이) 브랜드 이미지를 새롭게 하다

take in (새로운 환경) 이해하다, 마음속에 받아들이다

odd 특이한, 이상한

❶ **H-E-double hockey sticks**
지옥
지옥을 뜻하는 hell의 유머러스하고 완곡한 표현이에요. H와 E 뒤에 하키 스틱 두 개('1'자)를 붙이면 HELL이 되겠죠. Hell이라고 대놓고 말하면 욕설 뉘앙스가 강해서 이렇게 순화시켜 표현한답니다.

COUNSELOR JERRY A   Not yet. Your body's **in a holding pattern**. It's **complicated**. I'll get you back to your group.

카운슬러 제리A 아직은 아니에요. 당신의 육체는 지금 대기 중이에요. 설명하자면 좀 복잡해요. 당신 동료들에게 데려다 줄게요.

Jerry **mutates** into a **bizarre**, **four-legged** bus. The Counselor **scoops up** Joe with a giant hand, setting him in a chair on top.

제리가 다리가 네 개인 기괴한 모양의 버스로 변신한다. 그녀가 거대한 손으로 조를 들어 올려서 꼭대기에 있는 의자에 자리 잡게 한다.

COUNSELOR JERRY A   Come on, little souls! Get on up here!

카운슬러 제리A 자 어서, 꼬마 영혼들! 올라타세요!

The Counselor gathers the other souls and carries them through the strange campus. The **impressionable** new souls are still **infatuated with** Joe even as he tries to **process** his surroundings.

카운슬러가 영혼들을 모아서 기이한 캠퍼스 사이로 태우고 간다. 감수성이 풍부한 새 영혼들은 아직도 조에게 푹 빠져 있고, 조는 주변 현실을 이해하려고 애쓴다.

COUNSELOR JERRY A   Welcome to the You Seminar! You are **in for a treat**!

카운슬러 제리A 유 세미나에 온 것을 환영해요! 정말 즐거운 시간이 될 거예요!

EXT. LIMBO – ABOVE THE SLIDEWALK

Meanwhile, a pair of Counselors are watching the **deceased** souls pour from the slidewalk into The Great Beyond. While one Counselor is another Jerry, the other is shorter, angrier, and holds a huge **Abacus**. The Counselor uses it with lightning **precision** to count every soul that enters the white light. This is Terry, the **accountant**. Suddenly, Terry stops counting.

외부. 림보 – 슬라이드워크 위
그러는 동안, 슬라이드워크에서 머나먼 저세상으로 죽은 영혼들이 쏟아지는 것을 카운슬러 둘이 보고 있다. 한 카운슬러는 또 다른 제리이고, 키가 더 작고 화난 인상의 다른 카운슬러는 거대한 주판을 갖고 있다. 그 카운슬러가 주판을 이용하여 백색광 속으로 들어가는 모든 영혼을 칼같이 정확하게 세고 있다. 그가 바로 회계사, 테리이다. 갑자기 테리가 세는 것을 멈춘다.

TERRY   Hmm. That's weird.

테리 흠. 이상하네.

COUNSELOR JERRY E What is it?

카운슬러 제리E 왜 그래?

TERRY   The count**'s off**.

테리 계산이 안 맞아.

COUNSELOR JERRY E Excuse me?

카운슬러 제리E 뭐라고?

TERRY   There's a soul missing. The count's off.

테리 영혼 하나가 실종됐어. 계산이 안 맞아.

COUNSELOR JERRY E Huh.

카운슬러 제리E 허.

---

in a holding pattern 보류 상태에 있는	process (새로운 정보를) 정리/이해하며 받아들이다
complicated 복잡한	in for a treat 즐길 수 있는, 기대할 만한, 신나는
mutate 돌연변이를 일으키다, 변형되다	meanwhile (다른 일이 일어나는) 그동안에, 한편
bizarre 기이한, 특이한	deceased 사망한, 돌아가신
four-legged 네 다리의, 네발 달린	abacus 주판
scoop up 퍼 담다, 주워 담다	precision 정확(성), 정밀(성)
impressionable 쉽게 외부의 영향을 받는	accountant 회계사
infatuated with ~에 홀딱 반한/심취한	be off 표적에서 빗나간, 정확하지 않은

EXT. THE YOU SEMINAR
Jerry (in bus form) continues to walk Joe and the new souls across campus.

COUNSELOR JERRY A   Okay, first **stop** is the **Excitable Pavilion**. You four. **In you go!**

The new souls **zoom** into a **glistening Personality** Pavilion. They **emerge** from the other side, now excited.

NEW SOULS Woohooo!

COUNSELOR JERRY A   You five, you'll be **aloof**. And you two, **why not.**

The new souls enter another pavilion, emerging aloof.

JOE   W-wait a minute. This is where personalities come from?

COUNSELOR JERRY A   Of course! Do you think people **are** just **born with** them?

JOE   So uh… how do they get to Earth then?

COUNSELOR JERRY A   Well, they use the Earth Portal.

Jerry points. In the distance Joe sees a large, **circular** hole in the ground. Through it, Earth **beckons**! At the portal's edge new souls jump to Earth.

COUNSELOR JERRY A   Once they get a complete personality of course…

But Joe is gone.

COUNSELOR JERRY A   Hello? Hello?

외부. 유 세미나
(버스 모양의) 제리가 조와 새 영혼들을 데리고 계속 캠퍼스를 걷고 있다.

카운슬러 제리A 자, 첫 번째 정거장은 '흥분관'이란다. 너희 넷. 들어가거라!

새 영혼들이 반짝이는 성격관으로 쌩하고 들어간다. 그들이 반대편에서 흥분한 표정으로 나온다.

새 영혼들 우후!

카운슬러 제리A 너희 다섯. 너희들은 시큰둥할 거야. 그리고 너희 둘. 뭐 안 될 것도 없지.

새 영혼들이 또 다른 건물로 들어갔다가 시큰둥한 표정으로 나온다.

조 자-잠시만요. 여기가 성격이 형성되는 곳인가요?

카운슬러 제리A 물론이죠! 뭐 그럼 사람들이 성격을 그냥 타고나는 건 줄 알았나요?

조 그럼 어… 그럼 그들은 어떻게 지구로 가죠?

카운슬러 제리A 그건, 지구 관문을 이용해요.

제리가 가리킨다. 저 멀리 크고 둥근 구멍이 보인다. 그 사이로, 지구가 매력적으로 보인다! 관문의 가장자리에서 새 영혼들이 지구로 뛰어내린다.

카운슬러 제리A 물론 성격이 완전히 형성된 후에 말이죠…

그런데 조가 사라졌다.

카운슬러 제리A 이봐요? 여보세요?

---

stop 정류장, 정거장
excitable 흥분을 잘하는, 쉽게 들뜨는
pavilion (대형) 경기장/공연장, 부속 건물
in you go 자 이제 들어간다/들어가거라
zoom (빨리) 붕/쌩/휙 하고 가다
glistening 빈쩍이냐, 빈틀기티디
personality 성격
emerge (어둠 속에서) 나오다, 모습을 드러내다

aloof 냉담한, 시큰둥한
why not 별로 상관없다/개의치 않는다 (뭐 안될 것도 없지, 그럼 그냥 그렇게 하지 뭐)
be born with 타고나다, 천성이다
circular 원형의, 둥근
beckon (오라고) 손짓하다, 아주 매력적으로 보이다

Elsewhere – Joe **sprints** towards the portal. **All around** him new souls jump to Earth below as Mentors **cheer them on**.

<u>MENTORS</u> Congratulations! You're going to have a great life!

Joe jumps! He **free-falls** along with several new souls toward the beautiful **globe** below, laughing and cheering at the **thrill ride**. But as the new souls continue down towards the Earth and disappear, Joe **bounces off** a weird, **invisible** barrier. He **careens** through space and is delivered right back to the You Seminar. Joe tries to jump again. And again! **Frustrated**, he grabs a new soul and jumps with him, hoping to **sneak** into Earth behind it. But Joe is again **spit** back into the You Seminar. Finally, he just stares down at the Earth, frustrated. Counselor Jerry finds him.

<u>COUNSELOR JERRY A</u> You sure get lost a lot!

다른 곳에서 – 조가 관문으로 질주한다. 그의 주변 사방에서 새 영혼들이 지구로 뛰어내리고 있고 멘토들이 그들을 응원하고 있다.

멘토들 축하한다! 너희들은 멋진 인생을 살 거야!

조가 뛰어내린다! 웃고 환호하며 스릴 넘치는 기구를 타고 아름다운 지구를 향해 내려가고 있는 여러 새 영혼들과 함께 조가 자유 낙하한다. 하지만 새 영혼들은 계속 지구로 내려가서 사라지는데, 조는 보이지 않는 이상한 장벽에 부딪혀 튕겨 나온다. 그가 위태로운 자세로 공간 속을 날아서 곧바로 다시 유 세미나로 옮겨진다. 조가 또다시 뛰어내리려고 한다. 한 번 데 답답한 나머지 새 영혼 뒤에 숨어서 몰래 지구로 들어가려고 그가 새 영혼을 붙잡고 그와 함께 뛰어내린다. 하지만 다시 한 번 그는 유 세미나 속으로 내뱉어진다. 결국, 그는 그냥 낙담한 표정으로 지구를 멍하니 내려다본다. 카운슬러 제리가 그를 발견한다.

카운슬러 제리A 당신은 정말 길을 자주 잃어버리네요!

---

elsewhere (어딘가) 다른 곳에서(으로)

sprint (짧은 거리를) 전력 질주하다

all around 사방에

cheer somebody on ~을 응원/격려하다

free-fall (낙하산이 펴질 때까지) 자유 낙하하다

globe 구체, 지구, 지구본, 지구의

thrill ride 스릴감 넘치는 놀이기구

bounce off (물체에 부딪쳐) 튀어나오다, 튕기다

invisible 보이지 않는, 무형의

careen (사람이나 차량이 위태롭게) 달리다, 제어되지 않는 상태로 마구 질주하다

frustrated 좌절감을 느끼는, 답답함을 느끼는

sneak 살금살금/몰래 가다

spit (입에 든 음식 등을) 뱉다, (흔히 분노, 경멸의 표시로) 침을 뱉다

Everybody Is Jerry!

모두가 다 제리!

🎧 06.mp3

EXT. MENTOR **ORIENTATION** TABLE
Jerry brings Joe to where a group of older souls like him are gathered around a table, looking for their **pre-printed name tab**. There are Mentors. Another Counselor Jerry **gives instructions**:

COUNSELOR JERRY D   **All righty**, mentors. Just find your name here…

The Counselor **ushering** Joe **steps forward**.

외부. 멘토 오리엔테이션 테이블
제리가 조처럼 나이 든 영혼들이 모여서 미리 출력한 이름표를 찾고 있는 테이블로 조를 데려온다. 멘토들이 모여 있다. 또 다른 카운슬러 제리가 지시 사항을 전달한다.

카운슬러 제리D   자, 멘토 여러분. 여기에서 본인의 이름을 찾으시고…

조가 앞으로 한 발 나설 수 있도록 카운슬러가 안내한다.

바로 이장면!*

COUNSELOR JERRY A   Hello Jerry! Got a lost mentor for you.

COUNSELOR JERRY D   Thanks, Jerry.

JOE   Uh look, I'm not sure I'm supposed to be here.

COUNSELOR JERRY A   I understand. Mentoring isn't for everyone. You're **more than welcome** to **opt out**.

The Counselor opens a portal **straight** to The Great Beyond!

JOE   Ah! Actually, **on second thought**, you know, the mentoring sounds like fun.

Joe quickly grabs any name tab from the table and follows the group.

카운슬러 제리A   안녕 제리! 여기 길 잃은 멘토가 있어.

카운슬러 제리D   고마워, 제리.

조   어 저기요, 제가 여기에 있는 게 맞는지 잘 모르겠는데요.

카운슬러 제리A   이해해요. 멘토링이 누구에게나 다 맞는 건 아니니까요. 원하시면 언제든지 그만두셔도 됩니다.

카운슬러가 머나먼 저세상으로 바로 갈 수 있는 관문을 연다!

조   아! 사실, 다시 생각해 보니, 멘토링하는 게 재미있을 것도 같네요.

조가 잽싸게 테이블에 있는 이름표 하나를 아무거나 집어 들고 그룹을 따라간다.

---

orientation 오리엔테이션, 예비 교육

preprinted 사전 인쇄된

name tab 이름표

give instructions 지시사항을 전달하다/일러주다

all righty 좋아, 알겠어, 됐어 (all right의 비격식 표현)

usher (교회, 극장 등) 좌석 안내원, 안내하나

step forward (한 발) 앞으로 나가다

more than welcome 두 팔 벌려 환영한다

opt out (단체, 활동 따위에서) 빠져나오다, 손을 떼다

straight 곧장, 곧바로

on second thought 다시 생각해 보니

33

COUNSELOR JERRY A   I'm glad to hear it. **Jerry will take it from here.**[1]

카운슬러 제리A   그렇게 생각하신다니 다행이네요. 여기서부터는 제리가 맡아서 진행할 겁니다.

COUNSELOR JERRY D   Thanks, Jerry. (to Joe) **Head** right on over there to Jerry.

카운슬러 제리D   고마워, 제리. (조에게) 바로 저기 있는 제리에게 가시면 됩니다.

The Counselor points to another Jerry, this one in the form of a large theater.

카운슬러가 또 다른 제리를 가리키는데, 이 제리는 큰 극장처럼 생겼다.

COUNSELOR JERRY F   Thank you, Jerry.

카운슬러 제리F   고마워, 제리.

JOE   Is everyone here named Jerry?

조   여기는 모두 이름이 제리인가요?

The first Counselor watches Joe leave.

첫 번째 카운슬러가 조가 떠나는 모습을 바라본다.

COUNSELOR JERRY A   Good luck!

카운슬러 제리A   행운을 빌어요!

Terry the Accountant appears out of a portal.

회계사 테리가 관문에서 나타난다.

TERRY   Jerry, we've got a problem!

테리   제리, 문제가 생겼네!

COUNSELOR JERRY A   Oh, hello there, Terry.

카운슬러 제리A   오, 안녕, 테리.

TERRY   The count's off!

테리   계산이 안 맞아!

COUNSELOR JERRY A   (**chuckling**) I seriously **doubt** that. The count hasn't been off in **centuries**.

카운슬러 제리A   (웃으며) 그럴 리가 있나. 수백 년 동안 계산이 틀려 본 적이 없는데.

Terry **produces** the large abacus, using it to **make her point**:

테리가 자기주장을 입증하려고 거대한 주판을 꺼내 보인다:

TERRY   151,000 souls go into the Great Beyond every day. That's 105.2 souls per minute, Jerry. 1.75 souls per second. And I count every single one of 'em.

테리   매일 15만 천 개의 영혼이 머나먼 저세상으로 들어가지. 그건 1분당 105.2개의 영혼이라고, 제리. 1초당으로는 1.75명이고, 나는 하나도 빠짐없이 다 센다고.

COUNSELOR JERRY A   Yep. I'm aware.

카운슬러 제리A   응, 그건 나도 잘 알지.

---

head (특정 방향으로) 가다/향하다
chuckle 빙그레/싱긋 웃다
doubt 의심하다, 확신하지 못하다
centuries 몇/수 세기
produce (~에서) 꺼내 보이다, 보여 주다
make one's point 자신의 주장/의견을 입증하다

❶ Jerry will take it from here.
여기서부터는 제리가 맡을 겁니다.
take it from here는 여기서부터는 ~가 어떤 일의 책임을 맡게 될 것이라고 할 때 쓰는 표현으로 Thank you for your help, Jim. I'll take it from here. '도와줘서 고마워, 짐. 여기서부터는 내가 맡을게.' 이런 식으로 쓸 수 있지요.

TERRY   It's my job to **keep track of** this stuff, Jerry. I'm the accountant.

COUNSELOR JERRY A   And we all think you're doing a wonderful job, don't we everyone?

The other Counselors somewhat agree.

TERRY   I'm always counting. I'm counting right now. You blinked five times since I started talking. (the Counselor blinks) Six.

COUNSELOR JERRY A   Right! Since accounting is your job, why don't you figure out the problem?

TERRY   Maybe I will.

COUNSELOR JERRY A   Wonderful!

The Counselor vanishes. Terry angrily **stalks** off to:

INT. THE HALL OF RECORDS
Terry arrives in the Hall of Records. She's greeted by another Jerry.

COUNSELOR JERRY D   Hello again, Terry!

TERRY   **Don't play dumb with me.**❶

In a large file room – Terry opens the first file cabinet, **cracks her fingers** and gets ready.

TERRY   Okay. Here we go. "A."

Terry **flips through** the files, her fingers almost moving too fast for the eye to see. **At this rate**, it seems like it won't take her very long. However, an **epic pullout** reveals that the file cabinets stretch on endlessly, vanishing into the horizon. This is going to take a while.

테리 이런 것을 지속해서 파악하는 것이 내 할 일이라고, 제리. 난 회계사니까.

카운슬러 제리A 우리 모두는 다 네가 일을 정말 잘한다고 생각해, 모두 안 그러니?

다른 카운슬러들이 어느 정도 동의한다.

테리 난 항상 계산하고 있다고, 지금도 계산하고 있고, 우리가 대화하는 동안 넌 다섯 번 눈을 깜박거렸어. (카운슬러가 눈을 깜박인다) 여섯 번.

카운슬러 제리A 맞아! 회계 업무는 네 담당이니까 네가 문제를 해결해 보는 게 어때?

테리 아마도 그렇게 해야겠지.

카운슬러 제리A 훌륭해!

카운슬러가 사라진다. 테리가 분개하며 성큼성큼 걸어간다:

내부. 기록의 전당
테리가 기록의 전당에 도착한다. 다른 제리가 그녀에게 인사한다.

카운슬러 제리D 또 안녕, 테리!

테리 아무것도 모르는 척하지 마.

대형 기록 보관실 안 – 테리가 손가락 마디를 꺽으며 준비하고, 첫 번째 서류함을 연다.

테리 좋아. 자 간다. "A"

테리가 서류를 획획 넘기는데, 손가락이 너무 빨리 움직여서 눈이 못 따라갈 정도이다. 이 속도라면 별로 오래 걸릴 것 같지 않아 보인다. 하지만, 방대한 서류 꺼내기 작업은 서류함이 끝없이 이어지며, 까마득하게 펼쳐진다. 한참 걸릴 것 같다.

---

keep track of ~을 기록하다. ~를 계속 파악하고 있다
stalk 성큼성큼 걷다. 으스대며 걷다. 활보하다
crack one's fingers 손가락 마디를 딱딱 꺾다
flip through (책장을) 휙휙 넘기다. ~을 훑어보다
at this rate 이런 식으로 가다가는
epic 서사시의, 장대한, 방대한
pullout 빼내기, 없애기

❶ **Don't play dumb with me.**
아무것도 모르는 척 시치미 떼지 마.
dumb은 '멍청한, 바보 같은, 말을 못하는'이라는 뜻의 형용사로 play dumb은 '말을 못하는 척, 멍청한 척 연기를 하다'라는 의미입니다. 이 표현이 실제 대화에서 쓰일 때는 '아무것도 모르는 척하나, 시치미를 떼다'라는 의미로 주로 쓰인답니다.

INT. MENTOR ORIENTATION THEATER
Joe steps into the theater as an **instructional video** begins. Other Mentors watch from stadium seats.

On the screen – In a **scratchy, well-worn corporate** video, a Counselor explains:

COUNSELOR JERRY C   Hello there, Mentors! I'm Jerry, a Counselor here at the You Seminar. You don't remember it, but you've been here before! But don't worry, forgetting the **trauma** of **childbirth** is one of the great gifts of the universe.

Joe finds a seat and watches:

COUNSELOR JERRY C   Here at the You Seminar, all new souls are given unique and individual personalities.

New souls **testify** to the camera, while holding up their Personality Profiles – a badge filled with circular icons identifying which Personality pavilions they've visited. On each badge one circle is still empty.

NEW SOUL 1   I'm an **agreeable skeptic** who's cautious yet **flamboyant**.

NEW SOUL 2   I'm an **irritable wall flower** who's dangerously curious.

NEW SOUL 3   I'm a **manipulative megalomaniac** who's intensely **opportunistic**.

COUNSELOR JERRY C   Oh ho! This one might be **a handful**! But that's Earth's problem.

Joe takes this all in.

내부. 멘토 오리엔테이션 극장
조가 교육용 영상이 시작할 때 극장 안으로 들어선다. 다른 멘토들이 경기장 좌석에 앉아 영상을 보고 있다.

스크린 – 지직거리는 진부한 기업 영상 속에서 카운슬러 한 명이 설명한다:

카운슬러 제리C 안녕하세요, 멘토 여러분! 저는 유 세미나를 담당하고 있는 카운슬러 제리입니다. 다들 기억은 안 나시겠지만, 당신들은 전에 여기에 있었답니다! 걱정하지는 마세요, 탄생의 트라우마를 잊는 것은 세상의 큰 선물 중 하나이니까요.

조가 자리를 잡고 관람한다:

카운슬러 제리C 유 세미나에서는 모든 새 영혼들이 각자만의 독특하고 고유의 성격을 받게 됩니다.

새 영혼들이 성격 프로필을 치켜들고 카메라를 향해 증명하는데 – 그 배지는 그들이 방문했던 성격관들이 어디였는지 확인해 주는 원 아이콘들로 가득 찼다. 각 배지마다 원 하나가 여전히 비어있다.

새 영혼1 저는 조심스러우면서도 대담한 호감형 회의론자예요.

새 영혼2 나는 위험할 정도로 호기심이 많고 짜증을 잘 내며 사람들과 쉽게 어울리기 어려운 타입이에요.

새 영혼3 나는 굉장히 기회주의적이고 남을 이용해 먹기 좋아하는 과대망상증이 있는 영혼이죠.

카운슬러 제리C 오 호! 얘는 좀 골칫거리일 수도 있겠네요! 하지만 그거야 뭐 지구에서 알아서 할 문제니까요.

조가 이 모든 상황을 유심히 살핀다.

---

instructional video 교육용 영상
scratchy (무엇을) 긁는듯한 소리가 나는, 지직거리는
well-worn 오래 입어 닳아빠진, 진부한, 식상한
corporate 기업/회사의
trauma 〈심리〉 정신적 외상, 트라우마
childbirth 출산, 분만
testify 〈법정에서〉 증언/진술하다, 신앙 간증을 하다
agreeable 쾌활한, 유쾌한, 선뜻 동의/승낙하는

skeptic 회의론자, 의심 많은 사람
flamboyant 이색적인, 대담한, 화려한
irritable 짜증을 잘 내는
wall flower 〈비격식〉 내성적인, 사교적이지 않은 사람
manipulative 〈교묘하게 사람/사물을〉 조종하는
megalomaniac 과대망상증 환자, 권력욕의 소유자
opportunistic 기회주의적인
a handful 〈비격식〉 다루기 힘든 사람/동물

COUNSELOR JERRY C   You'll notice these souls are all missing something.

카운슬러 제리C   이 영혼들은 모두 하나같이 뭔가 빠져 있는 것이 보일 거예요.

The Counselor points to the last empty circle on a soul's **unfinished badge**.

카운슬러가 완성되지 않은 배지의 마지막 칸에 비어있는 원을 가리킨다.

COUNSELOR JERRY C   What goes in this **spot**? Well, these souls need their Spark. And **that's where YOU come in!❶**

카운슬러 제리C   이 자리에는 뭐가 들어갈까요? 이 영혼들에게는 그들의 불꽃이 필요해요. 여러분들이 하실 일이 바로 이것입니다!

---

unfinished 완료되지/끝나지 않은

badge (소속, 신분, 계급을 나타내는) 표, 배지

spot 점, 반점, (특정한) 곳/장소/자리

❶ **That's where YOU come in!**
이 부분에서 당신의 역할이 필요한 거예요!
That/this is where you come in.은 '바로 이 부분이 네가 유용한/중요한 역할을 해야 할 부분/시간/상황이다'라는 의미로, you는 다른 인칭대명사로 바꿔 This is where I come in. '이 부분에서 내 역할이 중요해지지.' 이렇게도 쓸 수도 있답니다.

37

22's Mentor Dr. Börgensson

22의 멘토 보겐슨 박사

🎧 07.mp3

In the Hall of Everything, the video continues by **showcasing** an **immense** space filled with everything on Earth.

COUNSELOR JERRY C   (O.S.) Maybe you will find their Spark in the Hall of Everything, where **literally** anything on Earth could **inspire**!

We see a New Soul **shoot an arrow** from a bow and become inspired. Their last box fills in with their Spark and the badge turns into an Earth Pass.

Back in the theater: Joe's **eyes go wide** as he **gets an idea**.

COUNSELOR JERRY C   And just what is this Spark? Well as mentors, you've already learned that...

But Joe isn't listening. Instead, he imagines his plan:

Joe's **daydream** – In the Hall of Everything, Joe plays a **lively** tune on a piano for a new soul. **In no time**, the soul is inspired and its badge turns into an Earth Pass! Joe smiles, not surprised. Without a thought, Joe **yanks** the Earth Pass away, tosses the new soul into the piano, and jumps straight to Earth. Back in New York, he lands back in his **stricken** body. It **jolts** back to life. Joe runs straight to his performance with Dorothea Williams, and receives the **applause** of the entire city.

Back in the theater: As the video ends, Joe smiles **assuredly**.

COUNSELOR JERRY C   I know you're all excited to **get to work**, so good luck finding the Spark!

모든 것의 전당에서, 지구에 있는 모든 것으로 가득 찬 어마어마한 공간을 계속해서 전시하듯이 영상으로 보여 준다.

카운슬러 제리C (화면 밖) 어쩌면 모든 것의 전당에서 그들의 불꽃을 찾을 수 있을지도 몰라요. 여기엔 정말 말 그대로 지구 상에서 영감을 줄 수 있는 모든 것들이 있으니까요!

새로운 영혼 하나가 화살을 쏘며 고취된다. 마지막 칸에 그들의 불꽃이 채워지면서 배지가 지구 통행증이 된다.

다시 극장 안: 조에게 생각이 떠오르면서 그의 눈이 커진다.

카운슬러 제리C 그러면 이 불꽃이라는 게 대체 뭘까요? 글쎄요, 여러분들은 멘토로서 이미 알고 있겠지만…

하지만 조는 듣고 있지 않다. 그 대신 그는 자기 계획을 상상한다:

조의 몽상 – 모든 것의 전당에서, 조가 새 영혼을 위해 경쾌한 곡조의 피아노 연주를 한다. 그 즉시, 영혼이 영감을 받고 그의 배지가 지구 통행증으로 변한다! 조가 당연하다는 듯이 미소 짓는다. 생각할 겨를도 없이, 조가 그 지구 통행증을 홱 잡아채 새 영혼을 피아노 속으로 던져 넣은 후, 바로 지구로 뛰어내린다. 그가 다시 뉴욕에 쓰러져 있는 자기 몸으로 되돌아간다. 다시 펑 하며 살아난다. 조가 도로테아 윌리엄스와 함께 하는 공연으로 바로 달려가고, 뉴욕시의 모든 사람으로부터 박수갈채를 받는다.

다시 극장 안: 영상이 끝나자, 조가 확신에 찬 미소를 짓는다.

카운슬러 제리C 다들 빨리 일하고 싶어서 들떠 있는 거 알아요. 자 그럼, 불꽃들을 잘 찾아주세요!

---

showcase 공개행사, 전시/공개하다

immense 어마어마한, 엄청난

literally 그야말로, 말/문자 그대로

inspire 고무/격려하다, 영감을 주다

shoot an arrow 화살을 쏘다

eyes go wide (놀람) 눈이 커지다

get an idea 착상을 얻다, 아이디어가 떠오르다

daydream 몽상, 백일몽

lively 활발한, 활기 넘치는

in no time 당장에, (놀라울 정도로) 곧, 즉시

yank 〈비격식〉 홱 잡아당기다

stricken 시달리는, 찌든, 고통받는

jolt 충격을 주다/정신이 번쩍 들게 하다

applause 박수갈채

assuredly 분명히, 틀림없이, 자신감 있게

get to work 일을 시작하다, 일에 착수하다

JOE   (to himself) Find the Spark!

조 (자신에게) 불꽃을 찾아라!

The lights **come on**. Another Counselor steps onto the stage.

조명이 켜진다. 다른 카운슬러가 무대 위로 오른다.

COUNSELOR JERRY B   Wow, that was **informative**. Now it's time for my favorite part of the program: matching you Mentors with your Soul Mates!

카운슬러 제리B 와, 정말 유익했죠. 이제 제가 가장 좋아하는 순서가 왔습니다: 멘토들과 영혼들 짝지어 주기!

A group of **giggling** New Souls **make their way** towards the stage as the Counselor looks into the **audience** of Mentors.

한 무리의 새 영혼이 키득대며 무대 위로 올라오고 카운슬러가 관중석에 앉아있는 멘토들을 본다.

COUNSELOR JERRY B   Our first Mentor is Maria Martinez! Maria, come on down!

카운슬러 제리B 첫 번째 멘토는 마리아 마티네즈입니다! 마리아, 이쪽으로 내려오시죠!

Polite applause as Maria steps on stage.

마리아가 무대 위로 올라오고 의례적인 박수 소리가 들린다.

바로 이장면! *

COUNSELOR JERRY B   Maria was a **rare disease specialist** from the University of Mexico.

카운슬러 제리B 마리아는 멕시코 대학 소속의 희귀병 전문의였어요.

On the screen – In a doctor's office – The human form of Dr. Maria Martinez successfully **treats a patient**.

스크린 – 진료실 – 인간 모습의 의사 마리아가 환자를 잘 치료하고 있다.

PATIENT   I'm **cured**!

환자 다 나았어요!

The other mentors applaud, impressed.

다른 멘토들이 감동받아 박수를 친다.

COUNSELOR JERRY B   She'll be matched with, one of my favorites, soul number 108 billion, 210 million, 121 thousand, four hundred and 15.

카운슬러 제리B 마리아는 제가 가장 좋아하는 1082억 1012만 1415번 영혼과 짝을 이루겠습니다.

The **adorable** and cute New Soul steps on stage. The new soul and Maria walk off.

사랑스럽고 귀여운 새 영혼 하나가 무대에 한 걸음 나온다. 새 영혼과 마리아가 떠난다.

COUNSELOR JERRY B   Congratulations! Off you go! Our next mentor is Bjorn T. Börgensson!

카운슬러 제리B 축하해요! 내려가시고요! 다음 멘토는 본 T. 보겐슨!

---

come on 작동을 시작하다

informative 유용한 정보를 주는, 유익한

giggle 킥킥/키득/낄낄거리다

make one's way 나아가다, 가다, 전진하다

audience 청중, 관중, 관객

polite 예의 바른, 공손한, 정중한

rare disease 희귀병

specialist 전문의, 전공자

treat a patient 환자를 진찰/치료하다

cure 낫게 하다, 치유하다

adorable 사랑스러운

Immediate applause. Everyone looks at Joe. He's confused, until he reads his name tab: Dr. Börgensson. Joe rushes up on stage.

즉각적인 박수갈채. 모두가 조를 본다. 그가 혼란스러워하다가 자신의 이름표를 보니 보겐슨 박사라고 써져 있다. 조가 무대 위로 서둘러 올라간다.

COUNSELOR JERRY B Dr. Börgensson is a **world renowned child psychologist** who **was** recently **awarded** a Nobel Prize!

카운슬러 제리B 보겐슨 박사는 최근에 노벨상을 받으신 세계적으로 저명한 아동 심리학자입니다!

On the screen – In a psychologist's office, Greta, a **troubled teenager**, looks at a **Rorschach blot❶** held up by a very different looking Dr. Börgensson.

스크린 – 심리학자의 사무실에서, 문제가 많은 십대 소녀, 그레타가 로르샤흐 반점을 들고 있는 (조와) 상당히 다르게 생긴 보겐슨 박사를 보고 있다.

GRETA I see pain, death, destruction!

그레타 고통, 죽음, 파멸이 보이네요!

DR. BÖRGENSSON Hmmm. How about now?

보겐슨 박사 흐음음. 지금은 뭐가 보이나요?

He flips it the other way.

그가 종이를 뒤집는다.

GRETA A pretty butterfly.

그레타 예쁜 나비가 보여요.

The audience of Mentors are extremely impressed. Joe forces a smile.

관객석에 있는 멘토들이 큰 감동 받는다. 조가 억지로 미소 짓는다.

COUNSELOR JERRY B Dr. Börgensson will be matched with soul number... 22!

카운슬러 제리B 보겐슨 박사는 22번 영혼과 짝입니다!

A spotlight shines on an empty spot.

스포트라이트가 빈자리를 비춘다.

COUNSELOR JERRY B (**annoyed**) Oh, we're gonna get into this now. Excuse me.

카운슬러 제리B (짜증내며) 오, 바로 알아볼게요. 실례합니다.

Impossibly, the Counselor **descends** into the floor, into another **dimension**. As Joe watches the empty stage he hears:

난감해하며 카운슬러가 바닥으로 내려가, 다른 차원으로 들어간다. 조가 비어있는 무대를 보는데 소리가 들린다:

COUNSELOR JERRY B (O.S.) 22, you come out of this dimension right now!

카운슬러 제리B (화면 밖) 22, 지금 당장 그 차원에서 나와!

22 (O.S.) How many times do I have to tell you? I don't wanna go to Earth!

22 (화면 밖) 대체 몇 번을 말해 줘야 해요? 난 지구로 가기 싫다고요!

---

world renowned 세계적으로 유명한
child psychologist 아동 심리학자
be awarded 상을 받다/타다
troubled teenager 문제가 많은/골칫거리 십 대
annoyed 짜증이 난, 약이 오른
impossibly 불가능하게, 믿기 어려울 정도로
descend 〈격식〉 내려오다, 내려가다
dimension 차원, 관점

❶ **Rorschach blot**
로르샤흐 반점
Rorschach Inkblot Test (로르샤흐 잉크반점 검사)는 스위스의 정신과 의사 헤르만 로르샤흐가 1900년대 초반에 개발한 것으로 형태가 뚜렷하지 않은 좌우 대칭의 잉크 얼룩이 있는 카드의 그림을 보여 주면서 무엇처럼 보이고, 무슨 생각이 나는지 등을 말하는 성격 테스트입니다.

COUNSELOR JERRY B (O.S.) Stop fighting this, 22. You will go to Earth and have a life!

카운슬러 제리B (화면 밖) 이제 그만 좀 포기하라고, 22. 넌 지구에 가서 인생을 살 거야!

22 (O.S.) Make me!

22 (화면 밖) 어디 한번 해 보시지!

Off-screen we hear the sounds of running and grabbing. Something breaks. Finally, Jerry's **upper half** emerges from the other dimension, wrestling with a soul who doesn't want to come out.

화면 밖에서 달리고 잡는 소리들이 들린다. 뭔가가 깨진다. 마침내, 제리의 상체 부분이 다른 차원에서 나타나는데, 그 차원에서 나오기 싫어하는 한 영혼과 씨름하고 있다.

COUNSELOR JERRY B 22 has been at the You Seminar for quite some time and has had such **notable** mentors as Gandhi, Abraham Lincoln and Mother Theresa.

카운슬러 제리B 22는 유 세미나에 상당히 오래 머물면서 간디, 에이브러햄 링컨, 테레사 수녀님과 같은 유명한 멘토들을 많이 거쳤답니다.

Finally, Jerry yanks 22 out of the dimension. 22 **struggles** in the Counselor's arms like a **wildcat**.

마침내, 제리가 22를 다른 차원에서 홱 잡아 꺼낸다. 22가 카운슬러의 팔에 안겨 살쾡이처럼 몸부림친다.

22 Ha, ha! I made her cry!

22 하, 하! 내가 그녀를 울려버렸지!

COUNSELOR JERRY B Ignore that.

카운슬러 제리B 그건 무시하세요.

22 Put me down! Hey! Quit it!

22 나를 내려놔요! 이봐요! 그만하라고요!

COUNSELOR JERRY B We're truly glad to have you here, Dr. Börgensson. It is an **honor** having you prepare 22 for Earth.

카운슬러 제리B 보겐슨 박사님께서 이곳에 와주셔서 정말 기뻐요. 박사님께서 22가 지구에 갈 수 있도록 준비해 주시니 정말 영광입니다.

The Counselor struggles to hold 22 who melts in his arms like a **belligerent toddler**. 22 **glares at** Joe:

과격한 유아처럼 그의 팔에서 녹아내리고 있는 22를 잡고 있느라 카운슬러가 악전고투하고 있다. 22가 조를 노려본다:

22 I'm gonna make you wish you'd never died.

22 안 죽었으면 좋았을 걸 하고 당신이 후회하게 할 거야.

COUNSELOR JERRY B Most people wish that, 22.

카운슬러 제리B 대부분의 사람은 다 자신이 안 죽었기를 바란단다, 22.

The Counselor "**drapes**" 22 over Joe. Before he can **protest**, the Counselor opens a portal and quickly pushes them out.

카운슬러가 22를 던져 조 위로 덮어버린다. 그가 저항하기 전에 카운슬러가 관문을 열어서 그들을 잽싸게 밀어버린다.

COUNSELOR JERRY B Off you go! Bye! Bye!

카운슬러 제리B 어서 가! 안녕! 잘 가!

---

upper half 상반부

notable 주목할 만한, 유명한, 눈에 띄는

struggle 발버둥치다, 몸부림치다, 허우적거리다

wildcat 살쾡이, 길고양이

honor 명예, 영예, 영광

belligerent 적대적인, 공격적인

toddler 유아, 걸음마를 배우는 아이

glare at ~을 노려보다, 눈을 부릅뜨고 보다

drape 걸치다/씌우다

protest 이의를 제기하다, (공개적으로) 항의/반대하다

The World Revolves Around 22

세상은 22를 중심으로 돈다

🎧 08.mp3

INT. THE HALL OF YOU
Joe tosses 22 off.

내부. 당신의 전당
조가 22를 가볍게 던져 떨어뜨린다.

JOE   Where are we?

조   여긴 어디지?

Joe **gawks** at the room they are now in – it's the Hall of Dr. Börgensson
The museum-like displays are filled with pop-up moments of Dr. Börgensson's **illustrious** life. **Glass-encased** exhibits hold **artifacts** and awards while **holograms recreating** his greatest successes play on an endless **loop**.

조가 그들이 들어와 있는 방을 얼빠진 듯이 쳐다 본다 – 그곳은 보겐슨의 전당이다
박물관처럼 전시된 방이 보겐슨의 저명한 삶 속에서 특별했던 순간들로 가득 찼다. 그를 기념하는 역사적 유물들과 상들이 유리 진열장에 담겨 있고 그의 위대한 업적들을 재현하는 홀로그램이 무한 반복 재생되고 있다.

22   Okay, look, I'm sure your life was amazing and you did a-mazing things but here's what we're gonna do. We're gonna stand in here in silence for a little bit, then we go back out, you say you tried, I go back to not-living my non-life and you go to the Great Beyond.

22 자, 보라고. 당신의 삶은 정말 대단했고 놀라운 일들을 많이 했는지 모르겠지만, 이제부터 이렇게 하자고. 우리는 이 안에서 잠시만 조용히 서 있다가 다시 밖으로 나가서, 당신은 노력했다고 하는 거야. 나는 나의 무-삶을 살지-않음 상태로 돌아가고 당신은 머나먼 저세상으로 가는 거지.

JOE   No, look—

조   그러지 말고, 보라고—

*바로 이장면!**

22   **Talk all you want,❶** Bjorn. It's not gonna work, anyway. I've had thousands of mentors who failed and now hate me.

22 하고 싶은 말 다 해 봐, 뵨. 어차피 소용없을 테니까. 나를 길들이기에 실패해서 지금은 나를 증오하게 된 멘토들이 천 명도 넘거든.

A series of flashbacks – In The You Seminar, 22 drives the soul of Mother Teresa crazy:

연속 회상 장면들 – 유 세미나에서 22가 테레사 수녀님의 영혼을 화나게 만든다:

---

gawk 〈비격식〉 얼빠진 듯이 바라보다

illustrious 〈격식〉 저명한, 걸출한

glass-encased 유리관 안에 보관된

artifact 공예품, 인공물, 인공 유물

hologram 홀로그램, 입체사진술에 의한 입체 화상

recreate (과거에 존재하던 것을) 되살리다/재현하다

loop 순환, 루프 (영상/음향이 반복되는 필름 테이프)

❶ **Talk all you want!**
하고 싶은 말 다 해!
행위를 나타내는 동사가 맨 앞에 오고 그 뒤에 all you want가 따라오면 '하고 싶은 만큼 맘대로 ~해라'라는 의미의 명령형 문장이 된답니다. 예를 들어, Eat all you want! '마음껏 먹고 싶은 만큼 다 먹어라.' 이런 식으로 쓸 수 있지요.

SOUL MOTHER TERESA I have **compassion** for every soul. Except you. I don't like you.

테레사 수녀 영혼 난 모든 영혼에 대해 동정심을 느껴. 너만 빼고 말이지. 네가 싫어.

In the Hall of Everything, Copernicus is **furious** at 22:

모든 것의 전당에서 코페르니쿠스가 22에게 격분한다.

SOUL COPERNICUS **The world doesn't revolve around YOU,**[1] **22!**

코페르니쿠스 영혼 세상은 너를 중심으로 돌지 않아, 22!

Muhammad Ali has also had it with 22:

무하마드 알리도 22에게 질려 버렸다:

SOUL MUHAMMAD ALI You are the greatest... **pain in the BUTT!**

무하마드 알리 영혼 네가 세상에서 제일… 짜증 나는 존재야!

In the Hall of Everything, the **disembodied** head of Marie Antionette yells at 22:

모든 것의 전당에서, 육체에서 분리된 마리 앙투아네트의 머리가 22에게 소리를 지른다.

SOUL MARIE ANTOINETTE Nobody can help you! Nobody!

마리 앙투아네트 영혼 세상 그 누구도 널 도울 수 없어! 그 누구도!

Back in the Hall of Dr. Börgensson – 22 continues, to Joe:

다시 보겐슨의 전당 안 – 22가 조에게 계속 말한다:

22 Thanks but no thanks, Doc. I already know everything about Earth, and **it's not worth the trouble.**[2]

22 고맙지만 사양할게, 박사. 난 이미 지구에 대해 다 안다고. 귀찮게 거기까지 가서 살 가치가 없어.

JOE Come on, don't you want to fill out your pass?

조 그러지 말고, 네 통행증에 있는 빈칸을 채우고 싶지 않니?

22 Ehh, you know, I'm comfortable up here. I have my **routine**. I **float** in **mist**, I do my **Sudoku puzzles**, and then, like, once a week, they make me come to one of these You Seminars. It's not great but I know what to expect.

22 에, 있잖아, 난 여기가 편해. 내 일상이 있다고. 수증기 위에 둥둥 떠서 스도쿠 퍼즐을 즐기고, 그러고 나서, 일주일에 한 번 정도는, 유 세미나에 가야 하는데. 거긴 그렇게 좋지는 않지만 뭐 어느 정도 예상 가능하니까.

---

compassion 연민, 동정심
furious 몹시 화가 난, 격분한
pain in the butt 골칫거리, 아주 귀찮은 사람/것
disembodied 육체에서 분리된
routine (딴에 바히) 익상 루틴 (규칙적인 순서)
float (물 위나 공중에서) 떠가다, 흘러가다, 뜨다
mist 엷은 안개, 박무
Sudoku puzzle 스도쿠 (숫자 맞추기 퍼즐 게임)

[1] **The world doesn't revolve around you.** 세상은 널 중심으로 돌지 않아.
revolve는 '(축을 중심으로) 돌다/회전하다'라는 의미의 동사로 위 문장은 모든 것을 자기중심적으로 생각하는 사람에게 충고 또는 비난할 때 주로 하는 말입니다.

[2] **It's not worth the trouble.** 머릿골/골치 썩일 만한 가치가 없다.
trouble은 '문젯거리/골칫거리/말썽'이라는 의미이고, 〈be동사 + not worth + 명사구〉는 '~할 만한 가치가 없다'는 뜻이에요.

JOE   Look kid. Can I just be honest with you? I'm not Bjorn Borgenstein or whatever his name is. I'm not even a mentor.

조 꼬마야 들어 봐. 솔직히 말해도 될까? 난 뵨 뵈르겐스타인인지 뭔지 하는 그 사람이 아니야. 게다가 난 멘토도 아니라고.

22   Not a mentor? Ah, ha ha! **Reverse psychology**! You really are a good **shrink** doctor. Carl Jung already tried that.

22 멘토가 아니라고? 아, 하 해 반심리핸 당신은 확실히 능력 있는 정신고 의사군. 그건 칼 융이 이미 시도했는데.

Flashback – At the You Seminar, Carl Jung fights with 22:

회상 – 유 세미나에서 칼 융이 22와 싸운다.

SOUL CARL JUNG Stop talking! My **unconscious** mind hates you!

칼 융 영혼 말 좀 그만해! 내 무의식이 널 증오하는구나!

Back in the Hall of Dr. Börgensson

다시 보갠슨 박사의 전당

JOE   Is there any way to show a different life in this place?

조 이곳에서 다른 인생을 보여 줄 수 있는 방법이 있으려나?

A look of **suspicion comes over 22's face**. 22 brings up a **control panel** from the ground, takes Joe's hand, and places it flat onto a scanner. All around them, the Dr. Börgensson exhibits vanish. After a **flourish** of light and sound, 22 and Joe find themselves standing in The Hall of Joe. It **dawns on** 22:

22의 얼굴에 의심스러워하는 표정이 스친다. 22가 바닥에서 제어판을 꺼내더니 조의 손을 잡고 스캐너 위에 평면하게 놓는다. 그들 주변의 모든 보겐슨 진열품들이 사라진다. 번쩍이는 불빛과 요란한 소리가 난 후, 22와 조가 조의 전당에 서 있다. 22가 깨닫는다.

22   Wait, you're really not Bjorn Börgensson?

22 잠깐. 당신 정말로 뵨 보겐슨이 아니라고?

Joe looks around at the space. Dr. Börgensson's awards, **citations**, and **victorious** moments have all been **replaced** with **elements** of Joe's life.

조가 공간을 둘러본다. 보겐슨 박사의 상들과 표창장들, 그리고 성공적인 순간들이 모두 조의 인생에 관한 물건들로 대체되었다.

JOE   It's … my life!

조 이건 … 내 인생이야!

The museum displays **are comprised of** much less inspiring, more **underwhelming** exhibits.

박물관의 전시품들이 훨씬 덜 감홍을 주고, 전혀 감동스럽지 않은 물건들로 구성되어 있다.

22   …umm excuse me. What's going on here?

22 …으음 저기, 이게 어찌 된 일이지?

---

reverse psychology 반심리학 (자신이 바라는 것과 반대되는 생각이나 행동을 옹호함으로써 상대방을 자신이 바라는 방향으로 설득시키는 기술)

shrink 〈속어, 유머〉 정신과 의사, 심리학자

unconscious 무의식의, 의식이 없는

suspicion 의혹, 혐의, 의심

come over one's face (표정이) 얼굴에 드러나다

control panel 계기조종판, 제어판, 컨트롤 패널

flourish 과장된 동작, 인상적인 활동/방식

dawn on ~에게 분명해지다, ~이 깨닫게 되다

citation 인용구(문), (전시 무공에 대한) 표창장

victorious 승리한, 승리를 거둔

replace (다른 사람, 사물을) 대신하다, 바꾸다

element 요소, 성분

be comprised of ~으로 구성되다/이루어지다

underwhelming 〈비격식〉 아무런 감흥이 없는

22 points to a display of **Binaca Breath Spray** and a bottle of **cheap Drakkar Noir cologne**.

22	Binaca breath spray? Cheap cologne?

JOE Man, who **curated** this exhibit?

22 Heh. YOU did.

22 walks over to a Photo of a Teenage Joe, **awkwardly** standing behind a keyboard, next to a much **hipper** Three-man Hip Hop Group.

22 Hahahahahahah!

Joe is **mortified**.

JOE **Oh my goodness**, it's Cedric's rap group. Nooo!

Joe pulls 22 away.

JOE No, don't look at that stuff, let's look over here!

Joe leads 22 to a Hologram – a Young Joe is being **dragged** into the Half Note Jazz Club by his dad, Ray Gardner.

YOUNG JOE Dad, I don't wanna go! I don't like jazz!

RAY Black **improvisational** music. It's one of our great **contributions** to American culture. At least give it a chance, Joey!

Joe and 22 watch as Ray brings Young Joe into the club, where a Pianist is **jamming** with his Band. Young Joe **locks in on** the pianist as Joe explains to 22:

JOE This is where it all started. This is the moment where I fell in love with jazz.

22가 비나카 입냄새 제거 스프레이와 싸구려 드레커 느와르 향수가 진열된 것을 가리킨다.

22 비나카 입냄새 제거 스프레이? 싸구려 향수?

조 내 참. 이 전시품 진열한 사람이 대체 누구야?

22 헤. 그야 당신이 한 거지.

조보다 훨씬 더 멋진 3인조 힙합 그룹 옆에서 키보드 뒤에 어색하게 서 있는 십 대의 조의 사진 쪽으로 22가 다가간다.

22 하하하하하하!

조가 모멸감을 느낀다.

조 맙소사, 세드릭의 랩 그룹이잖아. 안 돼!

조가 22를 끌어낸다.

조 안 돼. 그런 건 보지 마, 이쪽을 보자!

조가 22를 홀로그램 쪽으로 이끈다 – 어린 조가 하프노트 재즈 클럽으로 아빠, 레이 가드너에게 끌려 들어간다.

어린 조 아빠, 난 가기 싫어요! 난 재즈가 싫다고요!

레이 흑인 즉흥 음악이란다. 우리가 미국 문화에 엄청난 공헌을 한 거야. 적어도 이 음악에 한 번 정도는 기회를 줘 봐, 조이!

피아노 연주자가 밴드와 함께 즉흥 연주하고 있는 클럽으로 레이가 어린 조를 데리고 들어가는 모습을 조와 22가 보고 있다. 조가 22에게 설명하는 동안 어린 조는 피아노 연주자에게 몰입하고 있다.

조 여기가 모든 것이 시작된 곳이야. 내가 재즈와 사랑에 빠지게 된 바로 그 순간이란다.

Binaca Breath Spray 싸구려 입냄새 제거 스프레이
cheap Drakkar Noir cologne 싸구려 드레커 누아르 향수
curate 전시장의 진열을 기획하다
awkwardly 어색하게, 어설프게
hip 〈비격식〉 유행에 밝은
mortify 굴욕감을 주다, 몹시 당황하게 만들다
Oh my goodness 세상에나, 맙소사 (= Oh my God)
drag (힘들여) 끌다, (몸을 끌 듯) 힘들게 움직이다

improvisational 즉흥 연주의
contribution 이바지, 기여
jam (재즈곡을) 즉흥적으로 변주/연주하다
lock in on ~에 모든 관심/신경을 집중시키다

We see Young Joe **enthralled** by the pianist's playing.

JOE   Listen to that! See, the tune is just the starting point, y' get me? The music is just an **excuse** to **bring out** the YOU.

피아노 연주자의 연주에 어린 조가 홀딱 반해버린 모습이 보인다.

조 저 연주를 들어 봐! 있잖아, 저 곡은 이제 시작일 뿐이야, 알겠니? 음악은 진정한 너를 드러내기 위한 구실일 뿐이야.

Joe leads 22 through more of his life.

조가 22에게 자신의 인생을 더 보여 준다.

JOE   THAT's why I became a jazz musician!

조 그래서 나는 재즈 뮤지션이 된 거야!

But they walk up to a Hologram of Joe auditioning for an **unimpressed** Club Owner.

하지만 그들은 별 감흥을 못 느끼는 클럽 주인 앞에서 조가 오디션을 보고 있는 홀로그램으로 다가선다.

CLUB OWNER 1   It's not what we're looking for.

클럽 주인1 우리가 찾고 있는 스타일은 아니네요.

Confused, Joe walks away as 22 **trails** him.

당황한 조가 22에게서 멀어지고 22가 그의 뒤를 따른다.

JOE   Wait. That's not how I remember it **going down**. I mean I…

조 잠깐. 내 기억으로는 원래 이렇게 된 게 아닌데. 내 말은 그러니까 나는…

But they **come across** more **rejection** holograms from other Club Owners:

하지만 그들은 다른 클럽 주인들에게서 거절당하는 홀로그램들과 마주친다:

CLUB OWNER 2   Come back when you have something.

클럽 주인2 좀 더 실력이 늘면 다시 오게.

CLUB OWNER 3   Sorry, Joe.

클럽 주인3 미안하네, 조.

CLUB OWNER 4   We're looking for something different.

클럽 주인4 우리는 이것과는 좀 다른 걸 찾고 있네.

---

enthrall 마음을 사로잡다, 매혹시키다, 홀리게 하다

excuse 구실, 이유, 핑계거리

bring out ~을 끌어내다, 발휘되게 하다

unimpressed 감명받지 않는, 대단하다고 생각하지 않는

trail (자취를 따라) 뒤쫓다, 추적하다

go down (일이) 일어나다

come across 접하다, 우연히 마주치다/발견하다

rejection 거절

The Deal Between Joe and 22

조와 22 사이의 거래

🎧 09.mp3

They keep walking through Joe's life, past holograms of Joe teaching middle school kids, sitting alone in a diner, waiting for a subway. A **pathetic monument depicts** him washing clothes at the **laundromat**. Joe is stunned.

조가 중학교 아이들을 가르치는 모습, 동네 식당에 홀로 앉아있는 모습, 지하철을 기다리는 모습의 홀로그램들을 지나서 그들은 계속해서 조의 인생을 거닐고 있다. 애처로운 기념비가 그가 빨래방에서 세탁하는 모습을 묘사한다. 조가 경악한다.

바로 이장면!*

JOE   My life was meaningless.

Finally, they come to a hologram of Joe in a hospital bed, unconscious after the fall. This is the **current state** of his body – still alive, but soulless. It's a sad end to what appears to be a **depressing life**. But as Joe **regards** this, he becomes determined:

JOE   No, no, no! I will not accept this! (to 22) Kid, give me that badge. I'm going back to my body.

22   Oh yeah. Sure. Here.

22 removes the badge and hands it to Joe. But it vanishes and returns onto 22. The soul removes it again and tosses it into the distance. Again, it returns. 22 shreds it into pieces, even lights it on fire. But it always **materializes** back onto the soul.

22   Unless it becomes an Earth Pass, **I'm stuck with it.**❶

JOE   Well, what if I help you turn that into an Earth Pass? Will you give it to me then?

조   내 인생은 무의미했어.

마침내, 그들은 추락 이후에 무의식 상태로 병원 침대에 누워 있는 조의 홀로그램을 마주한다. 이것이 지금 그의 봄상태이다 – 여전히 살아있지만, 영혼이 없는 상태. 우울해 보이는 삶의 슬픈 결말이다. 하지만 조는 이것을 보면서 마음을 굳게 먹는다:

조   아니, 아니, 아니! 이건 받아들일 수 없어! (22에게) 꼬마야, 그 배지 나에게 줘. 난 내 몸으로 돌아가겠어.

22   오 좋아. 물론이지. 여기.

22가 배지를 떼서 조에게 건넨다. 하지만 그 배지는 사라지고 다시 22에게 돌아온다. 그 영혼은 이것을 다시 떼서 멀리 던진다. 또다시 돌아온다. 22가 그것을 갈기갈기 찢어버리고, 심지어 거기에 불까지 붙인다. 하지만 그 배지는 계속해서 원래 모양 그대로 22에게로 돌아온다.

22   이게 지구 통행증이 되지 않는 한, 난 이것을 벗어날 수 없어.

조   흠, 그러면 내가 너를 도와서 그것이 지구 통행증이 되도록 하면 어떨까? 그러면 그걸 나에게 줄래?

---

pathetic 한심한, 딱한, 애처로운

monument ~을 보여 주는 기념비적인 것

depict (말이나 그림으로) 묘사하다/그리다

laundromat 빨래방

current state 현재 상태, 현황

depressing life 우울한 인생

regard (어떤 감정, 태도를 갖고) ~을 보다

materialize 구체화 되다, 실현되다

❶ **I'm stuck with it.**
난 이것에서 벗어날 수 없어.
〈be동사 + stuck with something〉은 원하지 않는 사물/사람과 계속 같이 붙어 있어야만 하는 상황이나 어떤 상황에 처했는데 거기서 벗어날 수 없게 되었을 때 쓰는 표현이에요.
We are stuck with this ugly house. '우린 꼼짝없이 이 흉측한 집에 살게 되었어' 이렇게 쓰인답니다.

| 22 | Wait! I've never thought of that! I'd **get to** skip life. So yes! But we've gotta get this thing to change first, and I've never been able to get it to change. | 22 잠깬 그 생각은 한 번도 못해 봤네! 내가 인생을 거를 수가 있게 되는 거잖아, 그러면 쥐야지! 하지만 우선 이걸 변화시켜야 해. 난 한 번도 이걸 변화시켜 본 적이 없어. |
| JOE | Come on! I know all about Sparks, because mine is piano! | 조 이봐! 불꽃에 대해서는 내가 아주 잘 안다고, 왜냐하면 내 불꽃은 피아노니까! |

22 follows Joe through the Hall. They find what he's looking for: a Hologram of Joe's playing piano for Dorothea Williams – the moment that was supposed to change his life. Joe looks at 22's badge, **assured** it will work. But still no Spark, the circle remains empty.

22가 조를 따라간다. 그들이 그가 찾고자 하는 것을 발견한다. 조가 도로테아 윌리엄스를 위해 피아노 연주하는 홀로그램 – 그의 인생을 변화시키기로 되어 있던 그 순간, 조가 잘 될 거라고 확신하며 22의 배지를 본다. 하지만 여전히 불꽃이 없다. 원은 비어있다.

JOE	Really? Nothing at all?	조 정말? 아무 느낌이 없다고?
22	Meh. It's just... music. I don't like music sounds. It feels like **a little too much**.	22 위야. 그냥… 음악이잖아. 난 음악 소리를 안 좋아한다고. 내겐 뭔가 좀 과한 느낌이랄까.
JOE	Well, I am not going out like this. Where's that Hall of Everything?	조 난 이대로 나가지는 않을 거야. 그 모든 것의 전당이라는 데가 어디 있었지?

EXT. THE YOU SEMINAR
The Hall of Everything **looms** in the distance. Joe and 22 walk toward it, passing the Earth Portal. Joe **leans** to Earth:

외부. 유 세미나
모든 것의 전당이 저 멀리에 어렴풋이 보인다. 조와 22가 지구 관문을 지나서 그쪽을 향해 걸어간다. 조가 지구 쪽으로 몸을 기울인다.

JOE	I'll be right back.	조 금방 돌아올게.
22	**Don't get ahead of yourself,**❶ pal.	22 너무 앞서가지 마슈, 친구.
JOE	**By the way**, why do you sound like a **middle aged** white lady?	조 근데, 너 왜 중년 백인 여자처럼 말을 하지?
22	I don't. This is all an **illusion**.	22 나 안 그랬는데. 그건 다 착각이야.
JOE	Huh?	조 엥!

---

get to (어떤 상황에) 이르다, ~할 기회를 얻다

assured 확실한, 자신감 있는, 확실시되는

a little too much 조금 과한

loom 어렴풋이/흐릿하게 보이다/나타나다

lean 기대다, 기대서다

by the way 그런데

middle-aged 중년의

illusion 환상, 착각

❶ **Don't get ahead of yourself.**
너무 속단하지/앞서가지 마.
get ahead of oneself는 '너무 앞서가다/속단하다/김칫국 마시다'라는 의미로 쓰이는 숙어예요. 예를 들어, You're getting ahead of yourself. '너 너무 혼자 앞서가는 것 같다' 이렇게 쓰인답니다.

22	This whole place is **hypothetical**.		**22** 이곳은 모든 것이 가설적이지.

22's voice changes:

OLD MAN   I could sound like THIS if I wanted to…

YOUNG GIRL   Or sound like THIS instead.

22   I could even sound like YOU.

22 changes into an **exact replica** of Joe:

22   (in Joe's voice) Life is so unfair! I don't wanna die! Somebody call the wahhhhh-mbulance! Wahhhhh!

22 switches back:

22   I just use this voice because it annoys people.

JOE   It's very **effective**.

A ball of new souls rolls past and smacks into a pavilion, which **tips over** and **CRASHES** on top of them.

22   Don't worry, they're fine. You can't crush a soul here. **That's what life on Earth is for.**❶

Joe **shoots her a look**.

JOE   Mm hm. Very witty.

INT. HALL OF EVERYTHING
The Hall is **gigantic**. Everything on Earth is in here!

22   Ok. Here we are. This is the Hall of Everything.

22의 목소리가 변한다:

노인 남성 난 내가 원하면 이런 식으로 말할 수도 있다고…

어린 소녀 아니면 이렇게 말할 수도 있고.

22 심지어는 당신처럼 말할 수도 있다고.

22가 완벽한 조의 복제 인간처럼 변한다:

22 (조의 목소리로) 인생은 정말 불공평해! 난 죽고 싶지 않아! 누가 웨에엠뷸런스 좀 불러줘요! 웨에에에!

22가 본 모습으로 돌아와서:

22 난 그냥 이 목소리가 사람들을 짜증나게 하니까 이 목소리를 내는 거야.

조 그거 정말 효과적인걸.

새 영혼들의 공 뭉치가 옆으로 굴러가다가 가설 건물에 쿵 부딪히고 그 건물이 넘어지면서 그들 위를 덮친다.

22 걱정 마. 쟤들은 멀쩡하니까. 여기에서는 영혼을 으스러뜨릴 수가 없어. 지구가 그런 걸 하라고 있는 거니까.

조가 그녀를 힐끗 본다.

조 음 흠. 참 재치 있군.

내부. 모든 것의 전당
전당이 실로 거대하다. 지구 상의 모든 것이 이 안에 다 있다!

22 자. 바로 여기야. 여기가 모든 것의 전당이야.

---

hypothetical 가상적인, 가설/가정의
exact 정확한, 정밀한
replica (실물을 모방하여 만든) 복제품, 모형
effective 효과적인
tip over 아래위가 뒤집히다
crash 충돌하다, 들이받다
shoot somebody a look 힐끗 보다. 째려보다
gigantic 거대한

❶ **That's what life on Earth is for.**
그것 때문에 지구가 있는 거지.
〈That's what + 주어 + 동사 + for〉 패턴은 '그것 때문에 ~이 있는 거다'라는 의미예요. 예를 들어, That's what friends are for. '그것 때문에 친구가 있는 거지 (친구 좋다는 게 뭐야. 다 이럴 때를 위해서 친구가 있는 거지)' 이런 식으로 쓸 수 있어요.

Amazed, Joe looks around at all of the activity. New souls are everywhere trying out different **tasks** from fishing to soccer to photography to basketball. We see some badges turn into Earth Passes. A Soccer Ball rolls up to Joe's feet. He kicks it, and it flies over to a new soul standing next to its Mentor. The ball hits its head and the new soul's badge changes to an Earth Pass.

조가 놀라며 이곳에서 벌어지는 모든 활동들을 돌아본다. 새 영혼들이 여기저기에서 낚시부터 시작해서 축구, 사진, 농구에 이르기까지 모든 것을 시도해 보고 있다. 몇몇 배지들이 지구 통행증으로 바뀐다. 축구공 하나가 조의 발 앞으로 굴러온다. 그가 그 공을 차, 공이 멘토 옆에 서 있는 새 영혼에게 날아간다. 그 공이 새 영혼의 머리를 강타하자 그것의 배지가 지구 통행증으로 바뀐다.

22　　　　So where do you wanna start?

22　그래서 어디서부터 시작하고 싶은 거지?

Joe looks around the **enormous** room, filled with literally everything on Earth. He grabs 22 and pulls the soul towards a French bakery.

조가 말 그대로 지구 상의 모든 것으로 가득 찬 거대한 방을 둘러본다. 그가 22를 잡고 프랑스 빵집 쪽으로 당긴다.

JOE　　　Come on!

조　어서 가재!

INT. FRENCH BAKERY
Joe and 22 **tour the aisles**, **loaded** with every **sort** of delicious, baked item **imaginable**.

내부. 프랑스 빵집
조와 22가 상상 가능한 모든 종류의 맛있게 구운 빵/과자로 가득한 통로를 돌며 구경한다.

JOE　　　Croissants, cakes!

조　크루아상, 케이크들!

Joe pulls out a **steamy** slice of pizza.

조가 김이 모락모락 나는 피자 한 조각을 꺼낸다.

JOE　　　Baking could be your Spark!

조　제빵이 너의 불꽃이 될 수도 있어!

22　　　　Yeah! But um, **I don't get it.**❶

22　그래! 근데 음, 이게 왜 좋은 건지 저는 모르겠네.

JOE　　　Just smell it!

조　그냥 냄새를 맡아 봐!

22　　　　Can't. And neither can you.

22　못해. 당신도 못할 걸.

JOE　　　Wha—?

조　뭐—?

Joe **sniffs** it, gets nothing.

조가 냄새를 맡아보는데, 아무 냄새도 안 난다.

JOE　　　(confused) You're right, I can't smell—

조　(당황하며) 네 말이 맞네, 냄새를 맡을 수가 없어—

Joe eats the pizza, but it comes out his bottom end, still fully formed.

조가 피자를 먹는다, 하지만 피자가 원래 모양 그대로 그의 몸 아래쪽으로 나온다.

---

task (힘든, 하기 싫은) 일, 과업, 과제
enormous 막대한, 거대한
tour the aisle 통로
loaded 가득 찬, 가득한
sort 종류, 유형, 부류
imaginable 상상/생각할 수 있는
steamy 김이 모락모락 나는, 김이 자욱한
sniff (코를 킁킁) 냄새를 맡다, 코를 훌쩍이다

❶ **I don't get it.**
이해가 안돼.
'이해하다'라는 의미의 understand 대신에 구어체에서는 get it이라는 표현을 많이 써요. get it은 더 직관적/감각적으로 바로 이해한다는 뜻이라면, understand는 일반적으로 상황이나 문제 따위를 조금 더 머리를 써서 헤아리며 이해한다는 의미예요.

| **JOE** | We can't taste, either!? | 조 | 우린 맛도 못 보는 거야? |

JOE   We can't taste, either!?❶

조 우린 맛도 못 보는 거야?

22   All that stuff is in your body.

22 그런 것들은 모두 당신의 몸속에 있는 거니까.

22 eats a whole slice of pizza. It **comes out the other end**, still perfect.

22가 피자 한 조각을 통째로 먹는다. 완벽하게 원래 모양 그대로 반대쪽으로 나온다.

JOE   No smell, no taste.

조 냄새도 못 맡고, 맛도 못 보다니.

22   Or touch.

22 촉감도 없고.

22 **slaps** him.

22가 그의 뺨을 때린다.

22   See?

22 봤지?

22 slaps him a second time. And a third. And a fourth, **etc**. Finally, Joe stops it.

22가 그의 뺨을 다시 때린다. 세 번째, 그리고 네 번째, 그리고 또, 결국, 조가 멈추게 한다.

JOE   Okay, I get it! **Moving on**.

조 알았어. 알겠다고! 이동하자고.

---

taste 맛, 맛을 느끼다. 맛보다
come out 나오다
the other end 다른 쪽
slap 찰싹 때리다
etc. …등/등등 (= et cetera)
move on ~로 넘어가다/이동하다

❶ **We can't taste, either!?**
우린 맛도 못 보는 거야?
either는 대명사(한정사)로는 '둘 중 하나'라는 의미인데, 부사로 부정문과 함께 쓰이면 '~도 역시' 그리고 위 문장처럼 문장 끝에 either가 붙으면 '~도(게다가)'라는 의미로 쓰입니다.

Boring Earth
따분한 지구

🎧 10.mp3

INT. HALL OF INTERESTS – **FIRE FIGHTING** AREA
22 tries **putting out** a burning building as a fire fighter.

내부. 흥미의 전당 – 소방관 구역
22가 소방관이 되어 불이 나는 빌딩에서 화재 진압을 하려고 한다.

JOE   Isn't this exciting?

조 신나지 않니?

22   (**entranced**) The fire is so pretty. I kinda wanna let it spread—

22 (도취되어) 불이 너무 아름다워. 왠지 불이 번져 나가게 하고 싶어—

Joe quickly cancels the idea:

조가 급히 자기 생각을 취소한다.

JOE   Nope!

조 안 돼!

INT. HALL OF INTERESTS – ART STUDIO
22 tries painting a **portrait** of Joe, but gives up:

내부. 흥미의 전당 – 미술 작업실
22가 조의 초상화를 그리려다 포기한다:

22   Hands are hard!

22 손으로 하는 건 너무 힘들어!

INT. HALL OF INTERESTS – LIBRARY
22 and Joe walk through the **stacks**.

내부. 흥미의 전당 – 도서관
22와 조기 책장들 사이를 걸어간다.

JOE   How 'bout a **librarian**? They're cool!

조 도서관 사서는 어때? 멋있잖아!

22   Yes, amazing! Who wouldn't like working in a **thankless job** you're always **in danger of** losing due to **budget cuts**? **Though** I do like the idea of **randomly shushing** people.

22 그럼, 멋있지! 예산 삭감 때문에 언제든 해고당할 수도 있고 일에 비해 버는 돈은 쥐꼬리만 한 직업을 누가 안 좋아하겠어? 물론 아무나 조용히 시킬 수 있는 것은 좋지만.

JOE   Look, **obviously** this isn't—

조 얘야, 아무래도 이건 확실하—

22   Shhh!! Oh yeah, that's good.

22 쉣! 오 봐, 그거 좋네.

In a **Laboratory** – 22 tries to be a scientist. The **experiment** explodes but 22 shrugs, **uninterested**.

실험실에서 – 22가 과학자가 되어 보려고 한다. 실험이 폭발하지만 22가 별 관심 없다는 듯이 어깨를 으쓱한다.

---

fire fighting 소방 (활동), 화재진압
put out (불, 전깃불 등을) 끄다
entrance 〈격식〉 도취시키다, 황홀하게 하다
portrait 초상화, 인물사진, (상세한) 묘사
stack (깔끔하게 정돈된) 무더기/더미
librarian (도서관의) 사서
thankless job 힘든데 보상은 적은 일
be in danger of ~할 위험이 있다

budget cut 예산삭감
though (비록) ~이긴 하지만/~일지라도
randomly 무작위로, 임의로
shush (손가락을 입에 대고) 쉿/조용히
obviously (누구나 알다시피) 확실히, 분명히
laboratory 실험실
experiment 실험
uninterested 무관심한, 흥미/관심 없는

22 Meh.	22 재미없어.

In a **Gymnasium** – 22 tries being an Olympic gymnast, completing an impressive **dismount** off the **beam**. But no Spark:

체육관에서 – 22가 평균대에서 뛰어올라 멋지게 착지하며 마무리 동작을 완성하며 올림픽 체조 선수가 되어보려고 한다. 하지만 불꽃이 일어나지 않는다:

22   Meh.

22   그닥.

In the **Oval Office** – As President, 22 **signs a bill into law**. But is still unimpressed:

대통령 집무실에서 – 대통령으로서, 22가 법안을 법으로 제정하기 위한 서명을 한다. 하지만 여전히 별 감흥이 없다:

22   Meh.

22   시시해.

In the **Air-And-Space Department** – A massive rocket **lifts off** with 22 and Joe inside, filling the Hall with smoke. But **yet again**:

항공우주국에서 – 22와 조를 태운 거대한 로켓이 방 한가득 연기를 뿜으며 솟아오른다. 하지만 이번에도 역시:

22   (O.S.) Meh.

22   (화면 밖) 재미없네.

JOE   (O.S.) Ughh!!

조   (화면 밖) 으으!!

EXT. THE YOU SEMINAR – OUTSIDE THE HALL OF EVERYTHING
22 and Joe leave the Hall. Joe is more annoyed than ever. 22 is simply bored.

외부. 유 세미나 – 모든 것의 전당 밖
22와 조가 전당 밖으로 나온다. 조는 짜증이 극에 달했다. 22는 그냥 지루해한다.

JOE   Well, I think that's… everything.

조   음, 이제… 다 본 것 같네.

22   Sorry.

22   미안.

---

*바로 이장면!**

JOE   You told me you'd try!

조   너도 애써 보겠다고 했잖아!

22   I did! I'm telling the truth. **If there's one thing I'm not, it's a liar.❶** Unlike Abraham Lincoln…

22   애쓴 거라고! 진짜야. 다른 건 몰라도 난 거짓말은 안 해. 에이브러햄 링컨과는 다르게 말이지…

Flashback – to 22 talking to her mentor, Abraham Lincoln:

회상 – 22가 자기 멘토인 에이브러햄 링컨에게 말한다:

---

gymnasium 체육관, 실내경기장
dismount (말, 자전거, 오토바이에서) 내리다
beam (체조의) 평균대
Oval Office 백악관 내 대통령 집무실
sign a bill into law 법안에 서명하여 법으로 만들다
Air-And-Space department 항공우주부서
lift off 이륙하다, 발사되다
yet again 다시 (또) 한 번

❶ **If there's one thing I'm not, it's a liar.**
내가 다른 건 몰라도 절대 거짓말쟁이는 아니다.
〈If there's one thing + 주어 + 동사〉는 '(다른 건 몰라도) ~한 것 한 가지가 있다면/한 가지를 꼽자면'이라는 의미로 쓸 수 있는 패턴이에요.
If there's one thing I'm good at, it's counting. '내가 잘하는 게 한 가지 있다면, 그건 계산하는 거다.' 이렇게 쓸 수 있어요.

22	You're really okay being on **a penny**?	22 겨우 1센트짜리 동전에 얼굴이 나와도 정말 괜찮으세요?
<u>SOUL ABRAHAM LINCOLN</u>	Of course! It's an honor.	에이브러햄 링컨 영혼 물론이지! 영광스러운 일이야.
22	Okay, but... they put **Andrew Jackson** on the twenty.	22 네, 하지만… 앤드루 잭슨은 20달러 지폐에 얼굴이 나온다고요.
Lincoln angrily explodes, throwing his hat on the ground:		링컨이 바닥에 모자를 벗어 던지며 분개한다:
<u>SOUL ABRAHAM LINCOLN</u>	Jackson?!	에이브러햄 링컨 영혼 잭슨?!
Back to scene:		기존 장면으로:
22	**What can I say**, Joe? Earth is boring.	22 조, 어쩌겠어? 지구는 따분한 걸.
JOE	Well, what else can we do then? Because we're **running out of** time!	조 그러면 이제 뭘 어떻게 해야 하는 거냐? 남은 시간이 얼마 없어!
22	You know, **time's really not a thing here.**❶	22 있지 말야, 여기서는 시간이 별 의미가 없어.
<u>COUNSELOR JERRY B</u>	(O.S.) **Time's up!**	카운슬러 제리B (화면 밖) 시간 다 됐다!
A Counselor appears.		카운슬러가 나타난다.
<u>COUNSELOR JERRY B</u>	Nice try, Bjorn. But no need to feel bad. 22 can be **a bit of** a **challenge**.	카운슬러 제리B 애쓰셨네요, 본. 하지만 실망할 필요는 없어요. 22는 좀 쉬운 애가 아니라서요.

Jerry **pats** 22 on the head.		제리가 22의 머리를 쓰다듬는다.
22	Even though I can't feel it, please don't touch me.	22 아무 느낌은 없지만, 그래도 날 만지지 마세요.
Ignoring 22, the Counselor opens a portal to the Great Beyond for Joe:		22가 하는 말은 무시하며, 카운슬러가 조를 위해 머나먼 저세상의 관문을 연다.

---

a penny 1센트, 1센트짜리 동전
Andrew Jackson 미국의 7대 대통령 (최초의 민주당 출신)
What can I say? 나도 어쩔 수가 없어
run out of ~을 다 써버리다, ~이 바닥나다
Time's up 시간이 다 되었다
a bit of 좀, 꽤
challenge 도전, 시험대, 힘든 일
pat (애정을 담아) 쓰다듬다, 토닥거리다

❶ **Time's really not a thing here.**
지금 시간은 그다지 중요한 부분이 아니다.
여기에서 thing은 '중요한 것, (신경 써서 처리해야 하는) 문젯거리'와 같은 의미로 쓰였어요. 흔히 구어체에서 'The thing is'로 문장을 시작하면, '중요한 건/문제는'이라는 뜻이지요. thing은 issue로 바꿔 쓸 수 있어요.

COUNSELOR JERRY B   So, let's get you to the Great Beyond.

<u>22</u>   Umm, wait! We forgot to try… uh, breakdancer! Yeah, I think that's gonna be **my thing**. **Popping and locking. Windmills**. **Settling** my **disputes** with dance. Can we have one more minute to go back and try breakdancing? Please, Jerry? You look really good today, Jerry.

COUNSELOR JERRY B   Oh, ok. I've never seen 22 this **enthused**. **Good for you**, Dr. Börgennson!

22 waits for the Counselor to disappear before saying:

<u>22</u>   Run!

22 **takes off**! Joe follows. She runs to an opened **cardboard box**.

<u>22</u>   In here!

카운슬러 제리B   자, 머나먼 저세상으로 보내드릴게요.

22 음, 잠시만요! 우리가 깜박한 게… 어, 브레이크댄서! 그래요. 그게 나한테 딱 맞을 것 같아요. 팝핑하고 락킹. 윈드밀. 춤으로 분쟁을 해결하는 거요. 딱 1분만 다시 돌아가서 브레이크댄스를 해보면 안 될까요? 제발, 제리? 오늘 정말 멋지네요, 제리.

카운슬러 제리B   오, 그래. 22가 이렇게 열의를 보이는 건 처음 봤네. 대단하시네요, 보겐슨 박사님!

22가 카운슬러가 사라지기를 기다렸다가 말한다:

22 뛰어!

22가 출발한다! 조가 뒤따른다. 22가 열려 있는 판지 상자 안으로 뛰어든다.

22 여기야!

---

my thing 내가 즐기는/잘하는 것(일), 내 적성에 아주 잘 맞는 일

popping and locking 근육을 순간적으로 긴장시켰다가 풀어주는 것을 반복하며 몸을 퉁기는 듯한 움직임으로 추는 춤

windmill 풍차(춤)

settle dispute 분쟁을 수습하다/매듭짓다

enthuse 열광하게 만들다, 열광해서 말하다

Good for you! 잘했어, 잘됐네! (칭찬/축하)

take off (서둘러) 떠나다, 이륙하다/날아오르다

cardboard box 판지/마분지 상자

In the Zone
무아지경

🎧 11.mp3

INT. **CLUBHOUSE**
They emerge inside 22's secret clubhouse, filled with a collection of random items from Earth. Joe looks around in amazement at all the stuff. Against one wall are thousands of **name tags** – all **former** Mentors of 22. 22 opens a cabinet under a **bathroom sink**, revealing a **mysterious shaft**.

내부. 클럽하우스
지구에서 가져온 잡동사니로 가득 찬 22의 비밀 클럽하우스에서 그들이 모습을 드러낸다. 조가 놀란 눈으로 사방을 둘러본다. 한쪽 벽면에 이름표 수천 개가 붙어있다 – 모두 22의 전 멘토들 이름표. 22가 화장실 세면대 밑에 있는 캐비닛을 열어 비밀스러운 통로를 드러낸다.

22	Here it is!	22 여기야!
JOE	Where does it lead?	조 이건 어디로 통하는 거지?
22	Hey, you ask too many questions. How 'bout you **zip it** for a minute, 'kay?	22 이봐, 질문이 너무 많잖아. 잠시만 입에 지퍼를 채우는 게 어때, 어?
JOE	And we're going there why?	조 근데 우리가 저쪽으로 가는 이유는 뭐지?
22	Because I know a guy there. A guy who can help. A guy like YOU.	22 왜냐하면 내가 거기에 있는 어떤 남자를 알기 때문이지. 도움을 줄 수 있는 어떤 남자, 당신 같은 남자.
JOE	Like me? As in, alive?	조 나하고 비슷하다고? 그러니까, 살아있는 사람?
22 nods.		22가 고개를 끄덕인다.
JOE	Wait. Are you actually helping me?	조 잠깐. 너 지금 날 진짜 도우려는 거니?

바로 이장면!*

22	Joe. **I have been here for who knows how long,**[1] and I've never seen anything that's made me want to live. And then you **come along**. Your life is sad and pathetic. And you're working so hard to get back to it. Why? I mean, this I gotta see!	22 조. 내가 여기에 진짜, 진짜 오래 있었거든. 그런데 지금까지 나를 살고 싶은 마음이 들게 만드는 건 본 적이 없어. 그런데 당신이 나타난 거지. 당신 인생은 슬프고 한심해. 그런데 그 인생으로 돌아가려고 엄청 애쓴단 말이지. 왜 그런 거지? 그래서, 이것만큼은 내가 봐야겠다는 거지!

---

clubhouse (스포츠 클럽의) 클럽 회관, 집회소
name tag 명찰, 이름표
former (특정한 위치나 지위에 있던) 과거의/이전의
bathroom sink 욕실용 싱크대, 세면대
mysterious 기이한, 불가사의한, 신비한
shaft (건물 지하의) 수직 통로, 수갱
zip it 입을 닫다, 조용히 하다, 닥치다
come along 나타나다, 함께 가다/오다

---

❶ I have been here for who knows how long.
난 여기 정말 오래 있었다.

Who knows? '누가 알겠어?'는 아무도 모른다는 의미로, 비슷한 표현으로 Nobody knows.가 있어요. for who knows how long은 '얼마나 오랫동안 인지 누가 알겠나' 즉, 아무도 그 기간을 알 수 없을 정도로 오래 있었다는 뜻이 되겠네요.

JOE   Okay, let's go.

They **crawl** inside the shaft.

EXT. ASTRAL PLANE
Joe and 22 step onto the Astral Plane. Joe looks around at the bizarre, amazing landscape. The **glitter**-like dust below their feet rises and **lowers gently**, like waves on an ocean. **Suspended** above them are **countless** SOULS **engrossed** in tasks like **playing an instrument**, writing, swimming, etc. All are in the zone. Joe is **in awe**.

JOE   What IS this place?

22   You know how when you humans are really into something and it feels like you're in another place? Feels like you're in the zone, right?

JOE   Yeah.

22   Well, THIS is the zone! It's the space between the **physical** and **spiritual**.

Joe gets closer to a soul – a Musician **deep in** the music.

JOE   Wait a minute! I was here! Today during my audition! This must be where musicians come when they **get into a flow**.

22   Not just musicians. Watch this.

조 좋아, 가자.

그들이 통로 안으로 기어들어 간다.

외부. 아스트랄계
조와 22가 아스트랄계로 발을 들여놓는다. 조가 기이하고 놀라운 풍경을 둘러본다. 반짝거리는 빛 같은 먼지가 그들의 발밑에서 올라왔다가 부드럽게 내려앉는다. 마치 바다 위 파도처럼. 그들 위로 셀 수 없이 많은 영혼이 떠다니며 악기 연주, 글쓰기, 수영 등을 하며 뭔가에 몰두하고 있다. 모두가 무아지경이다. 조가 감탄한다.

조 여긴 대체 뭐지?

22 인간들이 뭔가에 흠뻑 빠져들면 마치 다른 세상에 와 있는 것 같은 느낌을 받지? 무아지경에 빠진 것 같은 그런 느낌, 그렇지?

조 맞아.

22 여기가 바로 그 무아지경이야! 물리적인 것과 영적인 것 사이의 공간이라고.

조가 어떤 한 영혼에 가까이 다가간다 – 음악에 푹 빠져 있는 뮤지션이다.

조 잠시만! 나 여기에 있었어! 오늘 오디션 할 때! 여기가 뮤지션들이 무아지경에 빠지게 될 때 오는 곳인가 보구나.

22 뮤지션만 그런 게 아니야. 이걸 봐.

---

22 picks up some astral dust, **packs** it into a snowball, and **chunks** it at an Actress performing Shakespeare, **hitting her square in the face**. The soul "wakes up."

22가 아스트랄계의 먼지를 집어 눈덩이를 만들어서 셰익스피어 연극을 하는 여배우를 향해 던져 얼굴을 정통으로 맞힌다. 그 영혼이 깨어난다.

---

crawl (엎드려) 기다, 기어가다

glitter 반짝반짝하는 빛, 광휘

lower 내리다, 내려지다, 낮아지다

gently 부드럽게, 약하게, 완만하게

suspend 매달다, 걸다

countless 셀 수 없이 많은, 무수한

engross 몰두하게 만들다

play an instrument 악기를 연주하다

in awe 경외의 눈으로

physical 육체의, 물질/물리적인

spiritual 영적인, 정신적인

deep in ~에 깊이 빠져

get into a/the flow 무아지경/몰입 상태로 들어가다

pack (눈, 흙을) 다지다

chunk (구어) (물건을) 내던지다

hit somebody square in the face ~의 얼굴을 정통으로 타격하다

In a Theater – the same Actress, playing Juliet, **orates** from a balcony.

<u>JULIET</u>　　Ay me! O Romeo, Romeo, wherefore art thou...[1]

극장에서 – 아까 그 여배우가 줄리엣을 연기하는데, 발코니에서 긴 대사를 뽐내며 읊는다.

줄리엣　오 안 돼! 로미오, 로미오, 왜 그대는 로미오인가요…

She suddenly "wakes up" from the zone, confused:

<u>JULIET</u>　　Line!

그녀가 갑자기 무아지경 상태에서 깨어난다. 혼란스럽다:

줄리엣　대사!

In a **Tattoo Parlor** – an Artist is working on a Client when 22 also "wakes" her from the zone. This causes a **unfortunate** Scratch across the client's back with the tattoo needle:

<u>TATTOO ARTIST</u>　Oops.

문신 시술소에서 – 문신 예술가가 고객에게 문신하고 있는데 22가 그녀를 무아지경에서 깨어나게 한다. 이 때문에 불행히도 문신 바늘이 고객의 등에 생채기를 남긴다:

문신 예술가　앗 이런.

Back on the Astral Plane:
22 stands near a **New York Knicks** Basketball Player in the zone, dribbling in for the dunk.

아스트럴계로 다시 돌아와서:
22가 덩크를 하려고 드리블을 하는 무아지경 상태의 뉴욕 닉스 농구팀의 선수 옆에 선다.

22　　　Check this out. I've been messing with this team for decades.

22　이것 봐. 내가 몇십 년 동안 이 팀에 장난질을 해 왔지.

22 throws another snowball, hitting the player just as he sails through the air.

그 농구 선수가 공중으로 날아오른 순간 22가 눈덩이를 던져서 그를 맞힌다.

INT. BASKETBALL **ARENA** The Knicks Player "wakes up" **in mid-dunk**. The ball slams onto the **rim** as he crumbles to the hardwood. The crowd BOOS.

내부. 농구 경기장
닉스 선수가 덩크를 하다가 깨어난다. 공이 농구 골대에 쾅 하고 부딪히고 그는 바닥에 내동댕이쳐진다. 관중들이 야유한다.

<u>ANNOUNCER</u>　(O.S.) And the Knicks lose Another one!

아나운서　(화면 밖) 닉스가 또 실점하네요!

Back to scene:

기존 장면으로:

<u>JOE</u>　　Alright, alright. Where's this guy you know? I gotta get back to my gig.

조　알았다, 알았어. 네가 안다는 그 남자는 어디에 있니? 나 연주하러 돌아가야 한단 말이야.

22　　　Okay, okay. He's usually down here.

22　알았어, 알겠다고. 그는 보통 여기에 있어.

---

orate 연설조로 말하다, 뽐내며 말하다

line (연극, 영화의) 대사

tattoo parlor 문신 시술소

unfortunate 불운한, 운이 없는, 유감스러운

New York Knicks 뉴욕 닉스 농구팀

arena (원형) 경기장/공연장

in mid-dunk 덩크슛을 하던 중에

rim (둥근 물건의) 가장자리/테두리/테

❶ O, Romeo, Romeo, Wherefore Art Thou Romeo
오, 로미오, 로미오, 왜 당신은 로미오인가요?
셰익스피어의 희곡 '로미오와 줄리엣'의 첫 장면 속 줄리엣의 첫 대사. 현대 영어로 고쳐 쓰면 "O, Romeo, why are you Romeo?"가 되겠네요. 줄리엣 자신이 사랑에 빠진 사람이 하필이면 원수 가문인 로미오라는 사실에 탄식하는 대사예요.

In the distance they see strange, **monstrous beasts mumbling unintelligibly**. These are Lost Souls.

JOE	What is that!?

<u>22</u>	Shhh!

But too late. One **Creature** spots Joe and 22 and **runs at** them.

JOE	Ahhh!

<u>22</u>	Run!

The creature is nearly on them when suddenly a long **Lasso twirls** around the beast, bringing it to the ground.

저 멀리에 이상하고 괴물같이 생긴 야수들이 알아들을 수 없게 중얼거리는 모습이 보인다. 길 잃은 영혼들이다.

조 저건 뭐야?

22 쉿!

너무 늦었다. 한 야수가 조와 22를 발견하고 그들을 향해 돌진한다.

조 아아악!

22 뛰어!

야수가 그들을 거의 덮치려는 순간 어디선가 갑자기 긴 올가미 밧줄이 날아와 그 야수를 묶어 바닥에 끌어 놓는다.

---

monstrous 괴물같은, 무시무시하게 큰
beast 야수, 짐승
mumble 중얼/웅얼거리다
unintelligibly 이해할 수 없게, 난해하게
creature 생명이 있는 존재
run at (공격) ~에게 덤비다
lasso 올가미 밧줄
twirl 빙글빙글 돌다/돌리다

Moonwind and His Mystic Crew

문윈드와 신비주의 팀

🎧 12.mp3

Joe and 22 stand frozen, unsure what to make of this. Ding ding! They see the rope is attached to a massive **Galley Ship** with **Tie-dyed** Sails blaring Bob Dylan music. It "sails" towards them through the astral dust. An anchor is **flung** over the side. Aboard the ship a long-haired, **eccentric** captain looks down at them. This is Moonwind. A **gangplank** is dropped. He bounds down it to greet them:

조와 22가 어찌 된 일인지 혼란스러워하며 그 자리에 얼어붙었다. 딩동! 밥 딜런의 노래를 큰 소리로 울리며 홀치기 염색한 돛을 단 거대한 갤리선에 붙어 있는 밧줄이 보인다. 배가 아스트랄 먼지 사이를 뚫고 그들을 향해 다가오고 있다. 닻이 옆쪽으로 내던져진다. 배 위에서 장발의 괴짜 선장이 그들을 내려다본다. 문윈드다. 건널 판자가 내려온다. 그가 그들과 인사하려고 껑충껑충 뛰어내려온다:

MOONWIND	Ah! Ahoy there, fellow Astral Travelers! Good to see you again, 22!	문윈드 애! 어이 거기, 아스트랄계 여행 동료들이군! 또 보니 반갑구나, 22!
22	Moonwind! How are ya?	22 문윈드! 잘 지냈니?
MOONWIND	**On the brink of** madness, thanks for asking!	문윈드 미치기 일보 직전이야. 물어봐 줘서 고마워!

바로 이장면! *

22	Hey, got a request for ya.	22 이봐, 부탁할 게 좀 있어.

22 nudges Joe forward.

22가 조를 앞으로 살짝 민다.

JOE	Uh yeah. I'm trying to get back to my body. Can you help me?	조 어 그래. 내가 내 몸으로 돌아가려고 하는데. 도와줄 수 있니?
MOONWIND	**That's what we do!❶** We are the **Mystics** Without Borders, devoted to helping the Lost Souls of Earth find their way! I'm Moonwind Stardancer **at your service**.	문윈드 바로 그게 우리 일이지! 우리는 국경 없는 신비주의자들이거든. 지구의 길 잃은 영혼들이 길을 찾을 수 있게 돕는 일에 헌신하고 있지. 난 최선을 다해 도울 문윈드 스타댄서라고 하네.

He introduces his Mystic Crew, now coming down the gangplank:

그가 자신의 신비주의 팀을 소개하며 건널 판자에서 내려온다:

---

galley ship 갤리선

tie-dye 홀치기 염색하다

fling (거칠게) 내던지다/내팽개치다 (fling-flung)

eccentric 괴짜인, 별난, 기이한

gangplank (배와 육지 사이) 건널 판자

on the brink of ~의 직전에

mystic 신비주의자

at one's service 필요하면 언제든 ~을 도울 준비가 된

❶ **That's what we do!**
우리가 원래 하는 일이 그런 일이야!
자신의 직업 또는 전문 분야가 바로 이것이라고 말할 때, That's what I do for a living!이라고 표현하는데, That's what I do.라고 짧게 말할 수도 있어요. 원래 그런 일을 전문적으로 하고, 그런 것을 해서 벌어먹는다는 뜻으로 주로 쓰는 표현이랍니다.

MOONWIND	That's Windstar Dreamermoon, Dancerstar Windmoon, and that's Dreamerwind Dreamerdreamer.
JOE	These **weirdoes** are going to help me get back?
22	Just wait.

문윈드 애들은 윈드스타 드리머문, 댄서스타 윈드문, 그리고 저쪽은 드리머윈드 드리머드리머야.

조 이 이상한 애들이 내가 지구로 돌아가도록 도울 거라고?

22 그냥 좀 기다려봐.

Dancerstar unwraps the now calm Lost Soul from the net.

댄서스타가 이제 진정된 길 잃은 영혼을 그물에서 풀어준다.

DANCERSTAR Let's get this lost soul back home.

댄서스타 이 길 잃은 영혼을 집으로 돌려보내 주자.

The Mystics **seat** the Lost Soul down and begin dancing and chanting around it. The Lost Soul continues to Mumble in **incoherently**.

신비주의자들이 길 잃은 영혼을 자리에 앉히고 그를 둘러싸며 춤을 추고 주문을 읊조린다. 길 잃은 영혼이 두서없이 계속 웅얼거린다.

MOONWIND Poor fellow. Some people just can't **let go of** their own anxieties and **obsessions**, leaving them lost and **disconnected** from life. And this is the result. (beat) Looks like another Hedge Fund Manager.

문윈드 가엾은 친구. 어떤 사람들은 그들의 불안과 집착을 떨쳐버리지 못해서 삶으로부터 길을 잃고 끊어진 상태가 되지. 그리고 이게 그 결과야. (정적) 또 헤지 펀드 매니저로구먼.

As the Mystics continue the **ceremony**, the **monstrous** Lost Soul **transforms into** the soul of a Hedge Fund Manager. The mumbling **turns out to be**:

신비주의자들이 계속 의식을 거행하는 동안 괴물 같던 길 잃은 영혼이 헤지 펀드 매니저의 영혼으로 변한다. 그 웅얼거림은 알고 보니 이런 말이었다:

HEDGE FUND MANAGER Make a trade... Make a trade...

헤지 펀드 매니저 거래해··· 거래해···

He looks around as if woken from a nightmare.

그가 마치 악몽에서 깨어난 듯이 주위를 돌아본다.

DANCERSTAR Now to reconnect to your body on Earth.

댄서스타 이제 지구의 몸과 다시 연결되기 위해서는.

Dreamerwind takes a **walking stick** and draws a circle in the dust. The dust **falls away**, revealing a portal to a **trading floor**. Through it they see the Hedge Fund Manager's human form **surrounded by** computers, working a **soulless** job. The soul recognizes himself:

드리머윈드가 지팡이로 먼지 속에 원을 그린다. 먼지가 서서히 사라지고 증권거래소로 향하는 관문이 드러난다. 그 관문 사이로 컴퓨터로 둘러싸인 공간에서 삭막한 일을 하는 헤지 펀드 매니저의 인간 형상이 보인다. 영혼이 자신을 알아본다:

---

weirdo 괴짜, 별난 사람	transform into ~로 변형시키다, 변화되다
seat 앉히다, 앉다	turn out to be ~인 것으로 드러나다
incoherently 두서없이, 비논리적으로	make a trade 교환하다, 거래하다
let go of (생각, 태도) 버리다/포기하다	walking stick 지팡이
obsession 강박 상태, 집착	fall away (수, 양, 크기가) 서서히 줄어들다
disconnect 연결/접속을 끊다, 분리하다	trading floor (주식, 유가 증권의) 거래소
ceremony 의식, 예식, 식	surrounded by ~에 둘러싸인, ~에 포위되어
monstrous 괴물 같은, 무시무시하게 큰	soulless 삭막한, 무감각한

HEDGE FUND MANAGER   Whoa! That's me. Thank you!

The soul jumps through it, **landing straight** back into his body.

INT. HEDGE FUND MANAGER'S **CORNER OFFICE**
The Hedge Fund Manager, surrounded by screens **dripping with** numbers and graphs, "wakes up."

HEDGE FUND MANAGER   What am I doing with my life!?

Suddenly, he THROWS the screens off his desk and stands up.

HEDGE FUND MANAGER   I'm **alive**! I'm alive! Free yourselves! Ha ha! It's beautiful!

He happily runs out of the office, **knocking away** the screens and **flipping over** the desks of his (**former**) **colleagues**.

Back to scene: Seeing this **excites** Joe.

JOE   He got back **just like that**!?

Joe grabs the walking stick from Dreamerwind and draws another circle.

JOE   So, this is all I have to do to get back to my body?

But instead of his human body, the Great Beyond appears!

JOE   Aaahhh!

MOONWIND   Ahh! **Egads**, man!

Moonwind quickly **cover up** the hole.

MOONWIND   Joe! Are you... dead!?

헤지 펀드 매니저 왜! 나네, 고마워!

영혼이 그 속으로 뛰어들어 다시 자기 몸속으로 바로 들어간다.

내부. 헤지 펀드 매니저의 고급 사무실
숫자들과 그래프들이 넘쳐흐를 듯이 가득 찬 모니터들에 둘러싸인 헤지 펀드 매니저가 깨어난다.

헤지 펀드 매니저 내가 대체 내 인생에 무슨 짓을 하고 있는 거지!?

갑자기 그가 모니터들을 책상 밖으로 던지며 일어선다.

헤지 펀드 매니저 살았어! 내가 살았다고! 너 자신을 해방해라! 하하! 아름다워!

그가 (전동료들의) 책상을 뒤엎고 모니터들을 쳐서 떨어뜨리며 행복하게 사무실에 달려 나간다.

기존 장면으로: 이걸 보니 조가 신이 난다.

조 저렇게 쉽게 돌아갔다고!?

조가 드리머윈드에게서 지팡이를 빼앗아 들고 또 하나의 원을 그린다.

조 그러니까 이렇게만 하면 내 몸으로 다시 돌아갈 수 있다는 건가?

하지만 그의 인간 형체 대신에 머나먼 저세상이 나타난다!

조 아아아애!

문윈드 아이! 어허 참, 이봐!

문윈드가 재빨리 구멍을 막는다.

문윈드 조! 자네… 죽었는/개?

---

land (땅, 표면에) 내려앉다, 착륙하다
straight 곧장, 곧바로
corner office (전망 좋은) 고급 사무실
drip with ~으로 가득하다, 가득 담고/지니고 있다
alive 살아있는
knock away 쳐서 떨어뜨리다, 연거푸 치다
flip something over ~을 홱 뒤집다
former (특정한 위치/지위에 있던) 과거(이전)의

colleague (같은 직장/직종에 종사하는) 동료
excite 흥분하게 만들다, 들뜨게 만들다
just like that 갑자기, 아주 간단히
egad 〈감탄사〉 야! 이런! 어허 참! 제기랄!
cover something up ~을 완전히 덮다/가리다

JOE	No! No, no. Well, not yet. Can you help me get back?	조 아니! 아니, 아니. 음, 아직은 안 죽었어. 돌아갈 수 있게 도와줄 수 있나?
MOONWIND	We've never connected an **untethered** soul back to its body before. But perhaps if we travel to a **thin spot**... Yes! **All aboard!**	문윈드 묶여 있지 않은 영혼을 육체에 연결해 본 적은 단 한 번도 없어. 하지만 얇은 지점으로 이동하면 어쩌면… 좋아! 모두 타게!

He leads them up the gangplank.

그가 건널 판자 위로 그들을 이끈다.

MOONWIND	**Anchors aweigh!**	문윈드 닻을 올려라!

EXT. ASTRAL PLANE
The ship sails through the sands. Moonwind **is at the wheel**, as 22 and Joe **look on**. The other Mystics enjoy tea-time on the **main deck**.

외부, 아스트랄계
배가 모래를 뚫고 항해한다. 문윈드가 타륜을 잡고, 22와 조가 구경한다. 다른 신비주의자들은 주갑판에서 티타임을 즐기고 있다.

JOE	So, if your souls are here, where are your bodies?	조 그래서, 당신들 영혼이 여기에 있으면, 몸은 어디에 있지?
MOONWIND	Well, on Earth of course!	문윈드 그야, 당연히 지구에 있지!
WINDSTAR	My body is **in a trance** in **Palawan**.	윈드스타 내 몸은 팔라완 섬에 최면 상태로 있어.
DANCERSTAR	I'm playing the **Saraswati Veena** in **Tibet**.	댄서스타 난 티베트에서 사라스와티 비나 연주를 하고 있지.
DREAMERWIND	I'm a **shamanic healer meditating** in Berkeley, California.	드리머윈드 나는 캘리포니아, 버클리에서 명상하는 무속 치료사야.
JOE	(to Moonwind) Mmhmm. Lemme guess, you're drumming, chanting, and meditating?	조 (문윈드에게) 으흠. 너는 내가 맞춰 볼게. 북을 치고, 주술을 읊조리며, 명상하고?
MOONWIND	Yes... something like that.	문윈드 응… 뭐 얼추 비슷하지.

---

untethered 줄에 매여 있지 않은

thin 얇은, 가는

spot (특정한) 곳/장소/자리

All aboard! (승객에게 알리는 선장/기장의 신호) 전원 승차/승선 (완료)!

Anchors aweigh! 〈뱃노래〉 닻을 올려라!

be at the wheel (배의) 타륜을 잡고 있다

look on (관여하지 않고) 구경하다/지켜보다

main deck 〈선박〉 주갑판

in a trance 어딘가에 정신이 팔려 있는, 무아지경인

Palawan 팔라완 섬 (필리핀 제도 서남부 섬)

Saraswati Veena 사라스와띠 비나 (인도 남부의 민속 발현 악기)

Tibet 티베트

shamanic healer 무속 치료사

meditate 명상하다, 묵상하다

Maintaining the Meditative State

명상 상태 유지하기

🎧 13.mp3

EXT. NEW YORK STREET CORNER
Moonwind's human body **expertly spins** a **"Hot Deals" sign** on a street corner.

외부, 뉴욕 길모퉁이
문윈드의 인간 몸이 길모퉁이에서 능란하게 "대박 세일" 광고판을 돌리고 있다.

Back to scene:

기존 장면으로:

MOONWIND I'm in New York City, on the corner of 14th and 7th.

문윈드 나는 뉴욕시 14번가와 7번가 사이 모퉁이에 있어.

JOE Oh, that's just up from Tony Tony Tonios!

조 오, 거기 토니 토니 토니오스 바로 위쪽이네!

MOONWIND Yes, **precisely**!

문윈드 그래, 딱 거기야!

JOE (to 22) And what about you? I thought you hated Earth.

조 (22에게) 그런데 너는? 난 네가 지구를 혐오하는 줄 알았는데.

22 I'm not stuck with a body, so I can go wherever I want. I'm a No-body. Get it?

22 나는 몸에 매여 있지 않아서 아무 데나 갈 수가 있어. 난 그 누구도 아니라고, 이해되니?

MOONWIND We Mystics meet in this **glorious landscape** every Tuesday.

문윈드 우리 신비주의자들은 매주 화요일에 이렇게 눈부시게 아름다운 경치 속에서 만나지.

They sail past high mountains, deep **valleys**, and **Herds** of Lost Souls. Joe looks down at them.

그들이 탄 배가 높은 산들과 깊은 골짜기들과 길 잃은 영혼 무리를 지나 항해한다. 조가 그들을 내려다본다.

JOE So many of them. Sad.

조 정말 많구나. 슬프다.

MOONWIND Lost Souls are not that **different from** those in the zone.

문윈드 길 잃은 영혼들은 무아지경에 빠진 사람들과 그렇게 다르지 않아.

Moonwind points at the souls floating above them.

문윈드가 그들 위로 떠다니는 영혼들을 가리킨다.

---

expertly 전문적으로, 숙련되게
spin (빙빙) 돌다/돌리다, 회전하다
hot deal 대박 할인
sign 표지판, 간판
precisely 바로, 꼭, 정확히
glorious 눈부시게 아름다운, 영광스러운
landscape 풍경, 조경, 경치
valley 골짜기, 계곡

herd (동종 짐승의) 떼, (한 무리의) 사람들/대중
different from ~와 다른

JOE　　What?	**조**　뭐라고?
We see a floating Soul with a **Metal Detector**, **obsessed** in the hunt.	사냥에 중독되어 금속탐지기를 들고 떠다니는 영혼이 보인다.
METAL DETECTOR SOUL　(muttering) **Gottafindit**, gottafindit, gottafindit, gottafindit...	**금속탐지기 영혼**　(중얼거림) 찾아야 해, 찾아야 해, 찾아야 해, 찾아야 해…
MOONWIND The zone is enjoyable, but when that joy becomes an obsession, one **becomes** disconnected from life.	**문윈드**　무아지경은 즐겁지, 하지만 그 즐거움에 중독되어버리면, 삶에서 끊어지게 되는 거야.
They watch as the soul becomes **Encased** in Astral Dust, transforming into a Lost Soul. Its muttering becomes **garbled** and scary.	그들은 그 영혼이 아스트랄 먼지에 둘러싸여 길 잃은 영혼으로 변하는 것을 본다. 그 영혼의 웅얼거림이 알아들을 수 없는 섬뜩한 소리로 변한다.
MOONWIND For a time, I was a Lost Soul myself.	**문윈드**　한 때는 나도 길 잃은 영혼이었지.
JOE　　Really?	**조**　정말?
MOONWIND (nods) Tetris.	**문윈드**　(고개를 끄덕인다) 테트리스에 빠져서 그만.
EXT. ASTRAL PLANE – THIN SPOT The ship sails into a **sunken** spot on the Astral Plane and drops anchor.	외부, 아스트랄계 – 얇은 공간 배가 아스트랄계의 움푹 파인 곳으로 들어가서 닻을 내린다.
MOONWIND **There you are!❶** We'll have you back **in no time**.	**문윈드**　다 왔어! 이제 금방 돌려보내 주겠어.
Everyone walks down the gangplank onto the astral sand.	모두가 건널 판자를 건너 아스트랄 모래 위로 내려간다.
MOONWIND Now, since you don't have a connection to your body, you will have to tune back into your **physical surroundings**.	**문윈드**　자, 지금은 자네가 몸과의 연결 고리가 없으니까 자신의 물리적인 주변 환경에 감정 상태를 맞춰야만 할 거야.
Moonwind uses the walking stick to draw a large circle in the dust. Dreamerwind hands 22 a tambourine and they start playing various instruments as Moonwind stands next to Joe.	문윈드가 지팡이를 이용해 먼지 속에 큰 원을 그린다. 드리머윈드가 22에게 탬버린을 건네고 그들이 다양한 악기를 연주하기 시작하며 문윈드가 조의 옆에 선다.

---

metal detector 금속 탐지기

obsessed 중독된, 집착하는, 강박을 보이는

Gottafindit 찾아야만 해 (= I've got to find it.)

encase (보호하기 위해) 감싸다/둘러싸다

garbled 잘 알아들을 수 없는

sunken 움푹 들어간, (주변 지역보다) 가라앉은/낮은

in no time 당장에, 즉시, 잠시도 지체하지 않고

physical surroundings 물리적 환경

❶ **There you are!**
다 왔어!
이 표현은 다양한 상황에서 쓰이는데, 우선 위의 영화 장면처럼 목적지에 도착했을 때 '다 왔어, 여기야'라고 쓸 수 있고요. 이외에 상대방이 원하는 것이나 부탁한 것을 주면서 '여기 있어' 혹은 뭔가 설명할 때 '자 보세요'라고도 써요.

바로 이장면!

MOONWIND Close your eyes. Breathe into your **crown chakra**.

문윈드 눈을 감고, 정수리로 숨을 들이마셔.

Joe tries to focus, but can't concentrate with the bad music.

조가 집중하려는데, 연주가 형편없어서 집중이 안 된다.

JOE Do we really need all this?

조 진짜 이렇게까지 해야 하는 건가?

MOONWIND Yes!

문윈드 그럼!

JOE Do you have a piano **on board**? I could focus with that!

조 이 배에 피아노 있나? 피아노가 있으면 집중할 수 있을 것 같은데!

MOONWIND No, pianos, Joe! You must focus! (beat) Imagine silence… (beat) Shhhhh….

문윈드 피아노는 없어, 조! 집중하라고! (정적) 적막을 상상해 봐… (정적) 쉬이이…

Joe **rolls his eyes** and **gives in**.

조가 눈을 굴리고 처한 상황을 받아들인다.

MOONWIND Now concentrate on where your body is. Listen for **cues**.

문윈드 이제 자네 몸이 있는 곳에 집중해. 신호에 귀 기울이고.

Joe concentrates. The dust in the circle **swirls** away, revealing an **overhead panorama** of New York.

조가 집중한다. 원 안에 있는 먼지가 빙빙 돌며 사라지고 위에서 내려다 보이는 뉴욕 전경이 나타난다.

MOONWIND That's it! You're doing it!

문윈드 바로 그거야! 잘하고 있어!

Joe **peeks**. The view begins to **fall away**. Moonwind quickly covers Joe's eyes:

조가 훔쳐본다. 그 광경이 사라지기 시작한다. 문윈드가 잽싸게 조의 눈을 가린다:

MOONWIND No peeking! **Maintain** your **meditative state** or you'll break the connection. Now, see if you can smell and feel where your body is!

문윈드 훔쳐보면 안 돼! 명상에 잠긴 상태를 계속 유지하지 않으면 접속이 끊어진다고. 자, 이제, 자네 몸이 있는 곳의 냄새를 맡고 느낄 수 있는지 봐!

Joe focuses again. We hear the **Beeping** of a **Heart Monitor**.

조가 다시 집중한다. 심장 모니터에서 삐삐 소리가 들린다.

JOE I hear… a heart monitor. I can smell… **hand sanitizer**!

조 들려… 심장 모니터 소리. 냄새가 나… 손 세정제!

---

crown 정수리

chakra 차크라 (신체에서 기가 모이는 부위)

on board 선상의, 기내의, 차내의

roll one's eyes 눈(알)을 굴리다

give in ~에 항복/굴복하다

cue (무엇을 하라는) 신호

swirl (빠르게) 빙빙 돌다, 소용돌이치다

overhead 머리 위에/로, 하늘 높이

panorama 전경, 파노라마

peek (재빨리) 훔쳐보다, 몰래 엿보다

fall away (수, 양, 크기가) 서서히 줄어들다

maintain (수준 등을 동일하게) 유지하다/지키다

meditative state 명상 상태

beep (전자 기기에서 나는) 삐 소리

heart monitor 심장(박동) 모니터

hand sanitizer 손 세정제

MOONWIND Yes! Yes! Good!

문원드 됐어! 됐다고! 좋아!

JOE I think I can feel my feet! (beat) Hmm. I feel **fur**...?

조 내 발이 느껴지는 것 같아! (정적) 흠. 털이 느껴지는⋯?

INT. HOSPITAL – JOE'S ROOM
Joe's body **lies in bed**. His toes **wiggle**. His hand is on a **Therapy Cat** as a Therapy Cat Lady and Nurse talk **nearby**.

내부. 병원 – 조의 병실
조의 몸이 침대에 누워 있다. 그의 발가락이 꿈지락거린다. 그의 손이 치료 고양이 위에 올려져 있고 고양이를 관리하는 여성과 간호사가 옆에서 대화를 나누고 있다.

THERAPY CAT LADY Did you find a **next of kin**?

치료 고양이 관리사 가까운 친척을 찾으셨나요?

JOE'S BODY (semi-conscious) I... feel... fur...

조의 몸 (의식이 반쯤 있는) 난⋯ 느껴져요⋯ 털⋯

NURSE Did you hear that!?

간호사 들었어요?

THERAPY CAT LADY Oh! The therapy cat is working!

치료 고양이 관리사 오! 치료 고양이가 효과가 있나 봐요!

Back to the Astral Plane: Joe is getting **impatient**.

아스트랄계로 되돌아와서: 조가 조바심을 낸다.

JOE Am I close? When can I jump in?

조 거의 다 됐나? 언제 들어갈 수 있지?

Joe opens his eyes.

조가 눈을 뜬다.

JOE Look! There I am!

조 봬 내가 저기에 있어!

In the Hospital – Joe's body **mumbles**:

병원에서 – 조의 몸이 중얼거린다:

JOE'S BODY (semi-conscious) There... I... am...

조의 몸 (의식이 반쯤 있는) 저기⋯ 내가⋯ 있네⋯

NURSE His **heart rate** is increasing. I'll get the doctor.

간호사 심장 박동수가 증가하고 있어요. 의사 선생님을 모셔 올게요.

THERAPY CAT LADY Mr. Mittens, you stay right there!

치료 고양이 관리사 미스터 미튼스, 거기 가만히 있어!

Back on the Astral Plane: Joe is **on his feet**!

아스트랄계로 다시 돌아와서: 조가 일어섰다!

JOE What are we waiting for!?

조 대체 뭘 기다리고 있는 거야!?

---

fur (일부 동물의) 털, 모피
lie in/on bed 침대에 눕다
wiggle 씰룩씰룩/꼼지락꼼지락 움직이다
therapy cat 치료용 고양이
nearby 가까운 곳의, 인근의
next of kin 가장 가까운 친척(들)
semi-conscious 의식이 완전하지 않은, 반의식이 있는
impatient (오래 기다려야 해서) 짜증난/안달하는

mumble 중얼/웅얼거리다
heart rate 심장 박동 수
on one's feet (병 후에) 일어나서, 다 나아서

But the portal begins to **drop away**.

하지만 관문이 점점 줄어들기 시작한다.

MOONWIND No! No! Joe! **Don't rush this!**[1] It's not **the right time**!

문윈드 안 돼 안 돼 조! 서두르지 마! 아직은 때가 아니야!

JOE No! It's my time!

조 아냐! 지금이 내가 들어갈 때야!

Moonwind tries to stop Joe, but Joe runs forward. **In his haste** he **plows into** 22, knocking them both into the hole.

문윈드가 조를 멈춰보려 하지만 조가 앞으로 달려나간다. 너무 서두른 나머지 그가 22와 충돌하며 구멍 속으로 22와 함께 떨어진다.

22 Wait! Not me!

22 잠깐만! 나는 안 가!

JOE Ahhh!

조 아아아!

---

drop away 줄어들다, 약해지다
the right time 적당한/알맞은 때
in his haste 서두른 나머지
plow into 충돌하다, 들이받다

❶ **Don't rush this!**
서두르지 마!
rush는 '급히 움직이다, 재촉하다'라는 의미의 동사로 위 표현은 일상 생활에서 자주 쓸 수 있는 문장입니다. 뒤에 this를 빼고 그냥 Don't rush!로도 많이 쓰이고, Don't rush me! '나 재촉하지 마!'라고 쓸 수 있어요.

Joe in a Cat

고양이 몸에 들어간 조

🎧 14.mp3

22 and Joe **disappear** through the portal as astral dust **swirls** back up, covering it. Moonwind and the others **stare** at the thin **spot**. Then Moonwind turns and **walks away**, **whistling**.

22와 조가 관문 사이로 사라지고 아스트랄 먼지가 다시 빙빙 돌며 나타나서 그것을 감싼다. 문윈드와 다른 영혼들이 얇은 지점을 바라본다. 그러고는 문윈드가 돌아서서 휘파람을 불며 떠나간다.

INT. HOSPITAL – JOE'S ROOM
POV from Joe, as he opens his eyes and looks around the hospital room.

내부. 병원 – 조의 병실
조의 시점. 그가 눈을 뜨고 병실을 둘러본다.

JOE   I did it. I'm back. I'm back! Ha ha!

조 해냈어. 돌아왔어. 내가 돌아왔다고! 하하!

But he looks to see his own body in front of him, lying in the hospital bed. He looks at this hands. They are cat **paws**.

하지만 조는 그의 앞에 침대에 누워 있는 자기 모습을 본다. 조가 손을 보는데, 그것은 고양이 발이다.

JOE   What the—? No! No! No! No! I'm in the cat? Wait a minute! If I'm in here, then, then who...

조 이게 뭐—? 안 돼! 안 돼! 안 돼! 안 돼! 내가 고양이 안에 있는 거야? 잠깐! 내가 여기에 있으면, 그러면, 그럼 누가…

Joe's body wakes up, sounding like 22:

조의 몸이 깨어난다. 22의 말투로 말하며:

<u>22</u>   Uhhh... oh... wha...

22 어어… 오… 뭐야…

JOE   You're in my body! No no no!

조 네가 내 몸 안으로 들어갔어! 안 돼, 안 돼, 안 돼!

바로 이 장면!*

<u>22</u>   You're in the cat!?

22 당신은 고양이 몸 안에 들어갔고!?

JOE   That's MY body!

조 그건 내 몸이라고!

<u>22</u>   I'm in a body!! NOOO!

22 내가 몸 안에 있다니!! 안 돼애애!

JOE   Why are you in my body?!

조 왜 네가 내 몸 안에 있는 거지?!

---

disappear 사라지다
swirl (빠르게) 빙빙 돌다, 소용돌이치다
stare 빤히 쳐다보다, 응시하다
spot (특정한) 곳, 장소
walk away 떠나다
whistle 휘파람/호루라기
POV (무엇에 대한 개인의) 시점/관점/견해 (= point of view)
paw (동물의 발톱이 달린) 발

75

22	**Blech**! It's **disgusting**!

22 뭬! 역겨워!

JOE   I don't wanna be in a cat! I hate cats! That Moonwind guy **messed** this **up**!

조   난 고양이 안에 있고 싶지 않아! 난 고양이를 싫어한다고! 그 문윈드 녀석이 일을 엉망으로 만들어 놨어!

A Doctor, the Nurse and the Therapy Cat Lady enter. Joe Cat turns to the Doctor, **pleading with** her:

의사, 간호사, 그리고 치료 고양이 관리사가 들어온다. 고양이 조가 의사에게 몸을 돌리며 그녀에게 애원한다:

JOE   Doc, you gotta help me! That's my body but **I'm trapped—!**❶

조   의사 선생님, 저 좀 도와주세요! 저게 내 몸인데 난 여기에 갇혔다고요—!

But as the Doctor, Nurse and the Cat Lady watch, they only hear the cat **Yowling** at them:

하지만 의사, 간호사, 고양이 관리사에게는 고양이가 그들을 향해 울부짖는 소리만 들린다:

CAT   Meow! Meow! Meow!

고양이   야옹! 야옹! 야옹!

Back to Joe's POV as he realizes:

그가 상황을 깨닫고 다시 그의 관점으로 돌아와서:

JOE   Oh, no! They can't understand me! They think you're me! You gotta try.

조   오, 안 돼! 그들이 내 말을 못 알아듣네! 그들은 네가 나라고 생각하고 있어! 뭔가 좀 해 봐.

22   Uh, Ms. Doctor, we have a problem. I'm an **unborn** soul and I wanna stay at the You Seminar!

22 어, 의사 선생님. 좀 문제가 생겼는데요. 저는 아직 태어나지 않은 영혼인데 유 세미나에 그냥 있고 싶어요!

But the Doctor hears Joe's voice.

하지만 의사에겐 조의 목소리가 들릴 뿐이다.

DOCTOR   (confused, to the nurse) Yes, well, that drug doesn't seem to be working at all.

의사   (당황하며, 간호사에게) 네, 어, 그 약이 전혀 효과가 없는 것 같네.

22   No, you don't understand, I'm not Mr. Gardner –

22 아니, 이해 못하시나 본데, 나는 가드너 씨가 아니라고요 –

JOE   Shhh! They're going to think you're **nuts**! I mean... that I'm nuts! Ugh. How did this happen!?

조   쉿! 그들이 네가 미쳤다고 생각할 거야! 그러니까… 내가 미쳤다고 말이야! 으, 대체 어떻게 이렇게 된 거야!?

---

blech 윽, 으, 웩 (역겨움)

disgusting 역겨운, 구역질 나는

mess up 엉망으로 만들다, 다 망치다

plead with ~에 탄원/항변하다

yowl (비통하게) 울부짖다

unborn 아직 태어나지 않은, 태중의

nuts 미친, 제정신이 아닌

❶ **I'm trapped!**
난 갇혔어요!

위 문장은 〈be동사 + 과거분사〉 수동태 형태로 내가 누구를 가두는 게 아니라, 내가 타의에 의해 갇히게 되는 상황입니다. be trapped in '~안에 갇히다'를 사용해서 어디에 갇혔는지 구체적으로 표현할 수 있어요.

22	I fell into your body because it doesn't have a soul!	22	당신 몸속에 영혼이 없어서 내가 당신 몸속으로 들어가게 된 거라고!

22   I fell into your body because it doesn't have a soul!

22   당신 몸속에 영혼이 없어서 내가 당신 몸속으로 들어가게 된 거라고!

JOE   Then why am I in a cat?

조   그러면 나는 왜 고양이 몸에 들어갔지?

22   I don't know!

22   나도 모르지!

On the slidewalk – the Cat's Soul rides the escalator toward the Great Beyond, **alongside** an **assortment** of other animals.

슬라이드워크 위 – 그 고양이의 영혼이 머나먼 저세상 쪽으로 가는 에스컬레이터를 탄다. 다양한 다른 동물들과 함께.

CAT   Meow?

고양이   야옹?

Back to scene: The Doctor comes close to 22.

기존 장면으로: 의사가 22에게 가까이 다가간다.

DOCTOR   Is there anyone we can call, Mr. Gardner? A next of kin or friend?

의사   가드너 씨, 혹시 우리가 연락을 취할 만한 사람이 있을까요? 가까운 친척이나 친구 같은?

JOE   Tell her no!

조   없다고 말해!

22   Uh... no!

22   어… 없어요!

DOCTOR   Can you tell me what day it is?

의사   오늘이 무슨 요일인지 아시겠어요?

22   It's the worst day of my life! I don't want to be here! I hate Earth!

22   제 인생 최악의 날이에요! 전 여기에 있고 싶지 않아요! 저는 지구가 싫다고요!

DOCTOR   **Tell you what**, we're going to keep you here for **observation**. Just **for a bit**. Perhaps our therapy cat can go to his next appointment.

의사   저 말이죠, 우리가 상태를 더 지켜봐야 할 것 같으니 여기에 좀 더 계셔야겠네요. 잠시만 말이죠. 여기 치료 고양이는 다음 약속 장소로 가야 할 것 같네요.

The Doctor starts to pick up Joe. But he **hisses** at her. The Doctor **pulls back**.

의사가 조를 들어 올리려고 한다. 하지만 그가 그녀에게 씩씩거린다. 의사가 움찔하며 뒤로 물러선다.

DOCTOR   Okay! Okay!

의사   알았다! 알았어!

JOE   (to 22) You gotta talk to her!

조   (22에게) 그녀에게 말 좀 해 봐!

---

alongside ~ 옆에, 나란히
assortment (같은 종류의 여러 가지) 모음, 종합
(I'll) tell you what 저 말이야, 실은 말이지
observation 관찰, 관측, 감시, 주시
for a bit 짐시 등인
hiss 쉬익/쉭쉭/씃 하는 소리를 내다
pull back 후퇴하다, 물러서다

| 22 | Umm... Ms. Doctor, this body's soul is in this cat— | 22 음… 의사 선생님, 이 몸의 영혼은 이 고양이 안에 있거든요— |

JOE Stop talking!

조 그만 말해!

| 22 | So, **naturally** he wants to stay close. | 22 그래서 당연히 그가 가까이 있고 싶어 하네요. |

DOCTOR Uhhh, keep the cat. Just get some rest. A lot of it, okay?

의사 어어, 고양이는 갖고 계세요. 우선 쉬시고요. 많이요. 아셨죠?

As she leaves, the Therapy Cat Lady says:

그녀가 나갈 때, 치료 고양이 관리사가 말한다:

THERAPY CAT LADY I'll come get Mr. Mittens in ten minutes.

치료 고양이 관리사 미스터 미튼스는 10분 후에 데리러 올게요.

22 and Joe are now alone.

이제 22와 조 둘만 남았다.

JOE Ten minutes! We gotta get outta here!

조 10분이라고! 우리 여기를 벗어나야 해!

| 22 | **No way!** I am NOT moving! I can't believe I'm in a body! On this **hellish** planet! I have **bendy** meatsticks! I can feel myself feeling myself. Ah! | 22 절대 안 돼! 난 움직이지 않을 거야! 내가 몸 속에 있다니 믿기지 않아! 이 섬뜩한 행성에서! 잘 휘어지는 고기스틱이잖아! 내가 나 자신을 느끼는 것이 느껴져. 으아! |

Joe slaps 22's face with his paws.

조가 발로 22의 얼굴을 때린다.

JOE Hey! Focus! Listen to me! We gotta get out of here before they **take** me **away**!

조 이봐! 집중해! 내 말을 들으라고! 그들이 나를 데리고 가버리기 전에 우린 여기를 떠야 한다고!

| 22 | Take you away? You're gonna leave me!? | 22 당신을 데려간다고? 나를 혼자 두고!? |

JOE No way. That's my body you're in! Do you think you can walk?

조 절대 그럴 수는 없지. 네가 들어가 있는 곳이 내 몸이니깐 걸을 수 있을 것 같니?

| 22 | I don't know! I failed Body **Test Drive** like 436 times. | 22 잘 모르겠어! 나는 몸 주행 시험에서 한 436번 정도 떨어졌거든. |

JOE But will you try?

조 그래도 시도는 해 볼래?

---

naturally 당연히, 물론
hellish 지독히 기분 나쁜, 지옥 같은
bendy 잘 휘어지는, 굴절된
take away 제거하다, 치우다, 없애다
test drive 시운전, 시승

❶ **No way!**
절대로/결코 아니다, 말도 안 된다, 그럴 리가 없다
There is no way!에서 There is를 생략한
표현이에요. 상대방이 한 말에 대한 반응으로
또는 어떤 상황을 본 후 즉각적인 반응으로
'말도 안 돼!', '절대 그럴 리가 없다!',
'결코 그건 아니다.'와 같은 뉘앙스로 쓰는
표현입니다.

22 finally nods.

JOE   Okay. Gotta find Moonwind. He can **fix** this.

Joe gets up **on his feet**, looks down at the floor. It seems like a **long way** down.

JOE   I'm a cat. I can make this.

He jumps, **belly-flopping** on the **linoleum**.

22가 마침내 고개를 끄덕인다.

조 좋아. 문윈드를 찾아야만 해. 그가 이 상황을 해결할 수 있을 거야.

조가 일어서서 바닥을 내려다본다. 바닥이 아득히 멀어 보인다.

조 난 고양이야. 이 정도는 할 수 있어.

그가 점프하는데, 리놀륨 바닥에 배치기로 떨어진다.

---

fix 수리하다, 바로잡다
on one's feet (병 후에) 일어나서, 다 나아서
long way 먼 곳, 동떨어진
belly-flop 배로 수면을 치며 뛰어들다, 엎드린 자세로 착륙하다
linoleum 리놀륨 (선불 바닥재로 쓰이는 굘질)

Escape From the Hospital

병원 탈출하기

🎧 15.mp3

INT. HOSPITAL – HALLWAY
Joe peeks out from the door and down the hall. **The coast is clear.**❶
He **stumbles** into the hall, struggling to control his new cat body.

내부, 병원 – 복도
조가 문밖으로 복도를 엿본다. 아무도 없다. 그가 비틀거리며 복도로 나간다. 새로운 고양이의 몸이 익숙하지 않아 제어하기가 어렵다.

JOE   Okay, come on. You're doing great. Keep going. Keep going.

조   자, 힘내. 잘하고 있어. 계속 가라. 계속 가.

22 **staggers** after him, doing even worse in Joe's body. The two **fumble** and **lurch, banging into everything.**

22가 그의 뒤로 비틀거리며 따라온다. 조의 몸에 있으니 오히려 더 어렵다. 둘이 서로 더듬거리고 휘청거리다가 여기저기 부딪힌다.

JOE   Come on! They'll be back any minute!

조   어서! 그들이 언제 들이닥칠지 모른다고!

They finally turn a corner. Joe sees the elevator. But the Doctor approaches, looking at a file, unaware. Before she sees them, Joe pushes 22 into another room.

그들이 마침내 모퉁이를 돈다. 조가 엘리베이터를 발견한다. 하지만 의사가 알아채지 못하고 파일을 보면서 다가온다. 그녀가 그들을 보기 전에 조가 22를 다른 방으로 밀어 넣는다.

JOE   (whispers) In here!

조   (속삭이며) 여기로!

The Doctor passes by outside, oblivious. They rush out and head towards the elevator.

의사가 밖에서 의식하지 못하고 지나간다. 그들이 서둘러 뛰어나와 엘리베이터로 향한다.

바로 이장면!

JOE   Now push the **down button**.

조   내려가는 버튼 눌러.

22 tries, but lacks fine **motor control**, pressing everything but the elevator call button.

22가 시도하지만 미세한 운동 조절 능력 부족으로, 엘리베이터 호출 버튼 빼고 다른 데를 누른다.

JOE   Careful! Those fingers are my **livelihood**!

조   조심해! 그 손가락들은 나의 생계 수단이야!

Frustrated, Joe jumps into her arms and pushes the elevator button. The doors open.

답답한 나머지 조가 그녀의 팔 위로 뛰어올라 엘리베이터 버튼을 누른다. 문이 열린다.

---

stumble 발을 헛디디다, 비틀/휘청거리다
stagger 비틀/휘청거리다, 휘청휘청하다
fumble (무엇을 찾느라 손으로) 더듬거리다
lurch (갑자기) 휘청거리다
bang into something ~에 쾅 하고 부딪치다
down button 엘리베이터의 하강 버튼
motor control 운동 제어
livelihood 생계

❶ **The coast is clear.**
아무도 없으니 나와도 괜찮아.
어딘 가에 숨어 있다가 밖을 살피며, 적 또는 장애물이 없다고 말할 때 쓰는 표현이에요. 문맥에 맞게, '지금이 기회야', '들킬/붙잡힐 위험 없다', '이제 진행해도 된다' 이런 식으로 해석할 수 있어요.

JOE   Now get in.

They rush in.

INT. HOSPITAL – ELEVATOR
The two **collapse** in the elevator. 22 **inspects** Joe's glasses, causing a bright spot on the floor. Joe can't stop his cat **instincts** and tries to **pounce** on it. He catches himself and sits back down.

JOE   Okay. What'd Moonwind say? Corner of 14th and 7th?

22   Yeah, that's Chelsea. Near Jackson Square Park.

JOE   Exactly. Wait. How do you know all that?

22   It's all in this stupid brain of yours.

JOE   Hey! Stay out of there!

22   Oh, relax, there's not much here. Jazz, jazz, jazz, more jazz. Oh and someone named Lisa. Who's that?

JOE   **Never mind**!

EXT. HOSPITAL – LOBBY
22 holds Joe as they emerge from the elevator and into the lobby. They walk toward the **frosted** glass EXIT doors. 22 stands in front of the doors. They can hear the **muffled** sounds of the **busy city** behind them. 22 tries to **gather courage**.

22   I ummm… This is all happening too fast. Let's just **take a minute** and –

JOE   Come on, let's go! They could be here any second!

조   자 이제 들어가.

그들이 재빨리 들어간다.

내부. 병원 – 엘리베이터
엘리베이터에서 둘이 쓰러진다. 22가 조의 안경을 살펴보는데, 이로 인해 바닥에 밝은 점이 생긴다. 조가 고양이 본능을 제어하지 못하고 그 점을 덮친다. 그가 자기 행동을 멈추고 다시 앉는다.

조   좋아. 문윈드가 뭐라고 했지? 14가와 7가 사이의 모퉁이라고 했나?

22   응. 거긴 첼시야. 잭슨 스퀘어 공원 근처.

조   정확해. 잠깐. 네가 어떻게 그런 걸 다 알지?

22   네 이 멍청한 두뇌 속에 다 있는 거라고.

조   야! 거기로 들어가지 마!

22   오. 진정해. 들어 있는 것도 별로 없구만. 재즈, 재즈, 재즈, 또 재즈. 오 그리고 리사라는 사람이 있네. 그건 누구지?

조   신경 꺼시지!

외부. 병원 – 로비
22가 조를 안고 엘리베이터에서 나와 로비로 향한다. 그들이 불투명 유리로 된 출구 쪽을 향해 걷는다. 22가 문들 앞에 선다. 그들 뒤로 북적거리는 도시의 소리가 나지막이 들린다. 22가 용기를 내보려고 한다.

22   난 음… 너무 순식간에 모든 일이 일어나서 감당이 안돼. 잠깐 쉬면서 –

조   어서. 가자고! 그들이 지금 당장 올 수도 있다고!

---

collapse 쓰러지다, 무너지다, 붕괴되다

inspect 점검/검사하다

instinct 본능, 직감, 타고난 소질

pounce (공격하거나 잡으려고 확) 덮치다/덤비다

Never mind! 신경 쓰지 마라!

frosted 반투명의, 서리에 뒤덮인

muffled (소리를) 죽인, 낮춘

busy city 분주한/혼잡한 도시

gather courage 용기를 내다

take a minute 잠시 쉬다, 잠시 시간을 가지다

EXT. NEW YORK STREETS – DAY
The doors open and 22 steps out into: The **Cacophony** of New York is overwhelming to 22 – a **barrage** of sight and sound. 22 freezes in fear, but **is swept up** in a passing crowd of people.

22   Ahh!

JOE   Don't worry, it's okay. Just keep walking.

But it's too much – A **Jackhammer**! A police whistle! A **fire truck**! 22 panics and freezes.

JOE   No, no! Don't stop! What are you doing!? This is New York City! You don't stop in the middle of the street. Go, go, go!!!

Insistent, Joe **inadvertently scratches** 22.

22   Aahhhh!

22 drops Joe and runs across the street! Joe rushes after her, nearly **getting hit by traffic**. But 22 is gone.

JOE   Oh, no. 22! 22!

He runs up and down the block, panicking.

JOE   22!!! Oh, no! Oh, no! 22! 22!

EXT. NEW YORK – **DOOR STOOP** – DAY
Joe finally finds 22 hiding in the corner of a **sub-level stoop**.

JOE   22! I didn't know I had **claws**, okay? Look, I'm sorry, but come on, let's go.

But 22 **is overwhelmed**.

외부. 뉴욕 거리 – 낮
문들이 열리고 22가 발을 내딛는다: 뉴욕의 불협화음은 22가 감당하기 벅차다 – 빗발치듯 쏟아지는 광경과 소음. 22가 두려움으로 움직이질 못하지만 지나가는 인파 속에 휩쓸린다.

22 아!

조 걱정 마, 괜찮아. 그냥 계속 걸어.

하지만 도저히 감당이 안 된다 – 착암기 소음! 경찰 호루라기 소음! 소방차 소음! 22가 공포에 질려 얼어붙는다.

조 안 돼, 안 돼! 멈추지 마! 뭐 하는 거야!? 여기 뉴욕이라고! 길을 걷다가 갑자기 멈추면 안 돼. 가, 가라고, 어서!!!!

계속 떼쓰던 조가 예기치 않게 22에게 생채기를 낸다.

22 아아아!

22가 조를 떨어뜨리고 길을 가로질러 달린다! 조가 급하게 그녀를 뒤쫓다가 차에 치일 뻔한다. 22가 사라졌다.

조 오, 안 돼. 22! 22!

그가 어쩔 줄 몰라 하며 블록을 이리저리 달린다.

조 22!!! 오, 안 돼! 오, 안 돼! 22! 22!

외부. 뉴욕 – 현관 입구 계단 – 낮
조가 마침내 층간 계단의 구석에 숨어있는 22를 발견한다.

조 22! 나에게 발톱이 있는지는 나도 몰랐다고, 응? 봐, 미안해. 하지만 어서, 가자.

하지만 22는 이 상황을 감당할 수가 없다.

---

cacophony 불협화음

barrage (타격 등) 연속, 집중, 비처럼 쏟음

be swept up ~에 휩쓸린, 정신이 팔린

jackhammer 공기/공압 드릴, 착암기

fire truck 소방차

insistent 고집/주장하는, 우기는

inadvertently 무심코, 부주의로, 우연히

scratch (날카로운 것으로) 긁다/할퀴다

get hit by a car 차에 치이다

traffic (특정 시간에 도로상의) 차량들, 교통(량)

door stoop (집, 건물) 출입구 앞의 작은 계단

sub-level stoop 층간 계단

claw (동물, 새의) 발톱

be overwhelmed 압도된, 어쩔 줄 몰라 하는

22 Mm mm. No way. I am staying right here until your stupid body dies! Which will happen any minute now, because your stomach is earthquaking.	**22** 아니, 안 돼. 네 바보 같은 몸이 죽을 때까지 난 여기에 가만히 있을 거야! 그런데 금방 그렇게 될 것 같군. 왜냐하면 네 뱃속에서 지진이 일어나고 있거든.

Joe is confused **for a bit**, then understands. He **gets an idea**.

조가 잠시 혼란스러워하다가 곧 상황을 이해한다. 아이디어가 떠오른다.

INT. **PIZZERIA**
Steaming slices of pizza sit under **heat lamps**. A cat paw grabs one.

내부. 피자 가게
가열등 아래에 김이 모락모락 나는 피자 조각들. 고양이 발이 한 조각 움켜잡는다.

EXT. NEW YORK SIDEWALK – DAY
Joe carries the slice. He passes a **Rat** walking in the opposite direction, also carrying its own slice of pizza. They both stop, regard one another, shrug, then continue on.

외부. 뉴욕 인도 – 낮
조가 피자 한 조각을 물고 있다. 맞은편에서 피자 한 조각을 물고 오는 쥐를 지나치는데. 그들이 멈춰 서서 서로를 유심히 보다가 어깨를 으쓱하더니 가던 길을 계속 간다.

EXT. NEW YORK – DOOR STOOP – DAY
22 watches Joe approach with the slice.

외부. 뉴욕 – 현관 입구 계단 – 낮
22가 피자를 들고 다가오는 조를 바라본다.

22   This place is worse than I thought. It's loud and bright and— (sniff sniff) What is that in my nose?

22 여긴 내 생각보다 더 끔찍해. 시끄럽고 너무 밝고 그리고— (코를 킁킁거린다) 내 코에 이건 뭐지?

JOE   That's smell.

조 그건 냄새야.

22's eyes **widen slightly**.

22의 눈이 약간 커진다.

JOE   And if you think that's good, just imagine what it tastes like.

조 그 냄새가 좋은 것 같다면, 그 맛은 어떨지 상상해 봐.

He walks forward to give it to 22.

조가 22에게 피자를 주려고 앞으로 간다.

JOE   Go on.

조 먹어 봐.

22 takes the pizza and bites, eyes widening **instantly**. We **zip** inside Joe's body – to see 22, as a soul, **careen joyfully** around inside Joe:

22가 피자를 들고 베어 문다. 먹자마자 눈이 휘둥그레진다. 우리는 쐥하며 조의 몸속으로 들어간다 – 22의 영혼이 기뻐하며 조의 몸 안에서 질주하는 것이 보인다!

22   It's soooooo good!!! Ahhhh!!!

22 정~~~~~말 맛있어!!! 아아아!!!

---

for a bit 잠시 동안

get an idea 착상을 얻다

pizzeria 피자 전문점

heat lamp 적외선등, 태양등

rat 쥐

widen 넓어지다, 확대되다, 커지다

slightly 약간, 조금

instantly 즉각, 즉시

zip (어떤 방향으로) 쌩/휙 하고 가다

careen 위태롭게 제어되지 않는 방식으로 달리다

joyfully 기쁘게, 기쁨에 차서

Back outside:

22   It's not... horrible.

JOE   Good! You can eat **on the way**, let's go.

But 22 **chows down**, **completely enthralled** by pizza.

JOE   Or you just take a few minutes. Sure.

22 finishes, **licking** her fingers.

22   Strange. I don't feel so angry anymore.

JOE   That's great. Ready to find Moonwind?

22   Maybe.

다시 외부:

22 뭐 그닥… 나쁘진 않군.

조 좋아! 그럼 가면서 먹으라고, 가자.

하지만 22가 피자에 완전히 푹 빠져서 먹는다.

조 아니면 몇 분만 잠시 쉬면서 먹든지. 그래 그러지 뭐.

22가 다 먹고, 손가락을 핥아먹고 있다.

22 이상해. 이젠 별로 화가 안 나네.

조 참 잘 됐구나. 그러면 문윈드 찾을 준비가 된 거니?

22 아마도.

---

on the way ~하는 중에, 도중에
chow down 먹다, 식사하다
completely 완전히
enthrall 매혹시키다, 마음을 사로잡다
lick 핥다, 핥아먹다

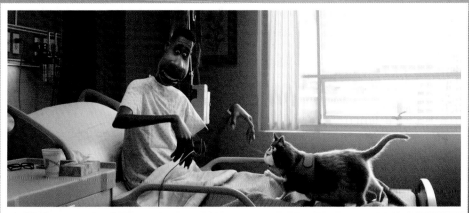

Cutting It Close

시간이 모자라

🎧 16.mp3

EXT. NEW YORK STREET
Calmer, 22 now **gnaws** on a **gyro, making** slow **progress**. Joe Cat rides impatiently on her shoulders.

<u>22</u>	**I'm telling you**, Joe, it's **pronounced** Yee-row!
<u>JOE</u>	Yeah, but in New York, we call 'em Gyros. It's **Greek**.
<u>22</u>	Nah, I got in a fight with **Archimedes** about this. He said it's –

Flashback – At the You Seminar, 22 and Archimedes **argue**:

<u>ARCHIMEDES</u>	Yee-row.
<u>22</u>	Yo-Yo?
<u>ARCHIMEDES</u>	YEE-row.
<u>22</u>	Yo-Lo?
<u>ARCHIMEDES</u>	Yee-ROW!
<u>22</u>	Sergio?
<u>ARCHIMEDES</u>	YEE-ROW!

Back to scene:

외부, 뉴욕 거리
마음이 진정된 22가 이제 이로를 천천히 뜯어먹는다. 고양이 조가 그녀의 어깨 위에서 들썽들썽한다.

22 정말이지, 조, 이건 '이-로'라고 발음한다니깨!

조 알아, 하지만 뉴욕에서는 자이로스라고 해. 그리스어라고.

22 아니야, 내가 이것 때문에 아르키메데스와 다툰 적이 있거든. 그가 말하기를 이건 –

회상 – 유 세미나에서, 22와 아르키메데스가 다툰다:

아르키메데스 이-로

22 요-요?

아르키메데스 이이-로우.

22 욜-로?

아르키메데스 이-로우!

22 세르지오?

아르키메데스 이이-로우!

기존 장면으로:

---

gnaw 물어뜯다, 갉아먹다

gyro 지(기)로, 자이로, 이로 (그리스식 발음으로는 '이로'에 가까우나, 영어권 나라에서 지(기)로, 자이로 등으로 다양하게 부름; 쇠고기, 양고기, 닭고기 등을 마늘로 양념하여 그리스식 빵에 얹어 먹는 그리스식 샌드위치)

make progress 진행하다, 전진하다

I'm telling you 〈구어〉 정말로, 정말이야

be pronounced 발음되다

Greek 그리스인, 그리스어

Archimedes 아르키메데스 (고대 그리스의 수학자/물리학자)

argue 언쟁을 하다, 다투다

22   (reminiscing) I miss that guy.

They come to an **intersection**.

JOE   This is 14th and 7th.

Across the street, they spot Moonwind **twirling** his sign, head-phones in his ears, eyes closed and in the zone.

JOE   That's gonna be him.

22 drops her gyro and **bolts** across traffic to Moonwind. She grabs him.

22   Moonwind! You gotta help me!

EXT. ASTRAL PLANE – MOONWIND'S SHIP
Soul-Moonwind is sailing his ship when he's suddenly **yanked** from deck and pulled back down to Earth.

MOONWIND Whoaaa!

Back to scene: Moonwind's eyes open as he "wakes up" from the zone. He looks at 22.

MOONWIND Joe! **You made it** into your body!

22   No, he didn't!

JOE   THAT is my body!

Joe Cat points to 22. Moonwind can understand him.

MOONWIND You're in a cat?! That's **marvelous**!

MARGE   (O.S.) Hey, Moon**wimp**!

Behind them an angry Store **Owner emerges** from the store.

---

22 (회상하며) 그 친구 보고 싶군.

교차로에 다다른다.

조 여기가 14가와 7가가 만나는 곳이야.

길 건너편에서 문원드가 귀에 헤드폰을 끼고 눈을 감고 무아지경에 빠져서 광고판을 빙빙 돌리고 있는 모습이 보인다.

조 저 사람이겠네.

22가 이로를 떨어뜨리고 문원드를 향해 도로를 가로질러 뛰어간다. 그녀가 그를 잡는다.

22 문원드! 나를 도와줘야 해!

외부. 아스트랄계 – 문원드의 배
문원드의 영혼이 그의 배를 항해하다가 갑자기 갑판에서 홱 잡아채어져서 지구로 돌아오게 된다.

문원드 워우어!

기존 장면으로: 문원드가 무아지경에서 깨어나면서 눈이 떠진다. 그가 22를 본다.

문원드 조! 자네 몸으로 돌아왔군!

22 아니, 그렇지 않아!

조 저게 나의 몸이라고!

고양이 조가 22를 가리킨다. 문원드가 그의 말을 이해한다.

문원드 고양이 안으로 들어갔다고?! 굉장한 걸!

마지 (화면 밖) 이봐, 문약골!

그들 뒤로 화가 난 가게 주인이 가게 밖으로 나온다.

---

reminisce (행복했던 시절에 대한) 추억/회상에 잠기다

intersection 교차로

twirl (춤을 추거나 하면서) 빙글빙글 돌다/돌리다

bolt 갑자기 달아나다, 쏜살같이 달리다

yank 〈비격식〉 홱 잡아당기다

you made it 네가 해냈구나

marvelous 놀라운, 훌륭한, 경이로운

wimp 〈비격식〉 겁쟁이, 약골

owner 주인

emerge 나타나다

MARGE	That sign won't spin by itself, hear me?	마지 그 광고판이 혼자서 돌아가지는 않을 텐데, 듣고 있나?
MOONWIND	But Marge! Look! I put this man's soul in a cat!	문윈드 하지만 마지! 보라구! 내가 이 사람의 영혼을 고양이 안에 넣었다고!
MARGE	**Who cares?**[1] (to 22) And you. We only **have room for** one weirdo here, so **scram**!	마지 그게 나랑 무슨 상관이야? (22에게) 그리고 당신. 이상한 인간은 하나면 충분하니까, 어서 꺼지슈!

The Store Owner goes back inside. Moonwind picks up his sign.

가게 주인이 다시 가게 안으로 들어간다. 문윈드가 광고판을 집어 든다.

MOONWIND	(**grumbles** to himself) No one understands my art…	문윈드 (혼자 투덜대며) 아무도 나의 예술을 이해 못해…

Moonwind gets back to spinning:

문윈드가 다시 광고판을 돌리기 시작한다:

JOE	Moonwind, listen! I gotta get out of HERE and back in THERE!	조 문윈드, 잘 들어! 난 여기에서 나가야만 하고 저 안으로 다시 들어가야만 한다고!
MOONWIND	Oh! Well, we'll have to perform an old-fashioned astral **transmigration displacement**.	문윈드 오! 그러면, 옛날 스타일로 아스트랄 환생 이동을 해야겠군.
JOE	A what?	조 뭐라고?
MOONWIND	It's simply a way to get your souls back where they belong! And it's a glorious **ritual** indeed, full of chanting, dancing, and best of all, bongos!	문윈드 그냥 영혼을 원래 있어야 할 곳으로 돌려 놓는 작업이야! 아주 근사한 종교 의식인데, 주문 읊조리고 춤추는 게 엄청 많고, 그 중의 백미는, 봉고!
JOE	I need to be at The Half Note by 7, so this needs to happen right now!	조 내가 7시까지는 하프노트에 가야만 하니까, 그거 지금 당장 해야만 해!
MOONWIND	Whoa, whoa, whoa. **Not so fast!**[2] You must wait for another thin spot to open between Earth and the Astral Plane. And that won't occur until **Orcus** moves into the House of **Gemini**!	문윈드 워, 워, 워. 너무 서두르지 마! 다시 한번 지구와 아스트랄계 사이에 얇은 지점이 열릴 때까지 기다려야만 해. 그것은 오르쿠스가 제미나이의 집으로 이동하기 전까지는 일어나지 않는다고.

---

have room for ~할 수 있는 여지가 있다
scram 〈비격식〉 어서 꺼져라!
grumble 투덜/툴툴거리다
transmigration 환생, 윤회
displacement 〈격식〉 이동, 변이, 치환
ritual 〈종교상의〉 의식 절차, 〈제의적〉 의례
Orcus 오르쿠스 (로마신화에 나오는 죽음/저승의 신)
Gemini 쌍둥이자리

> **❶ Who cares?** 그게 무슨 상관이야?
> '난 전혀 관심 없다, 난 신경 안 쓴다'고 할 때 쓰는 표현으로 I don't care.과 같은 의미랍니다.
>
> **❷ Not so fast!** 서두르지 마!
> 누군가가 뭔가를 잘못했을 때나 지례심삭하고 성급한 행동을 했을 때, '잠깐, 기다려, 그렇게 덤비지 마라', '서두르지 마라'와 같은 의미로 쓸 수 있는 표현이에요.

JOE	When is that?	조 그게 언제야?
MOONWIND	Well, the government calls it 6:30. Look, I'll meet you at The Half Note.	문윈드 정부에서 6시 반이라고 하는군. 자, 이따가 하프노트에서 만나세.
JOE	6:30? You're serious?	조 6시 반이라고? 정말?
MOONWIND	I'll even gather all of the **necessary provisions**—	문윈드 필수 식량까지도 모아 두고—

The angry Store Owner suddenly comes at them.

화난 가게 주인이 갑자기 그들을 향해 다가온다.

MARGE	I said, get out of here! Go!	마지 내가 말했지, 가라고! 꺼져!

Scared, 22 **runs off** with Joe on her shoulders.

겁에 질린 22가 그의 어깨 위에 있는 조와 함께 도망친다.

22	Aahhhh!	22 아아아!

바로 이장면!*

MOONWIND	See you at The Half Note at 6:30! I'll take care of everything!	문윈드 하프노트에서 6시 반에 봐! 내가 다 알아서 할게!
MARGE	And stay away!	마지 얼씬거리지도 말라고!

INT. THE HALL OF RECORDS
Terry, the Accountant continues to **rifle** through the endless file drawers.

내부. 기록의 전당
회계사 테리가 끝없는 파일 서랍들을 계속 뒤지고 있다.

TERRY	(muttering to herself) **Sure are a lot of Garcias in here.❶**	테리 (혼자 투덜대며) 가르시아는 왜 이렇게 많은 거야.

Terry **slams shut** a drawer and looks into the distance, at the millions of files still to go.

테리가 서랍을 쾅 닫고 저 먼 곳을 바라보니 여전히 수백만 개의 파일들이 남아 있다.

TERRY	You're out there somewhere, little soul. And I'm going to find you.	테리 분명 어디엔가는 있을 테지, 작은 영혼아. 널 찾고야 말 테다.

EXT. NEW YORK STREET – LATER
22 walks, **nibbling** on another slice. Joe still on her shoulders.

외부. 뉴욕 거리 – 나중에
22가 피자를 한 조각 더 뜯어 먹으며 걷는다. 조가 여전히 그녀의 어깨 위에 있다.

---

necessary 꼭 필요한, 필연적인, 불가피한
provisions 식량
run off 급히 떠나다, 줄행랑을 치다 (= run away)
rifle 샅샅이 뒤지다
slam shut 쾅 닫다
nibble (음식을) 조금씩/야금야금 먹다

❶ Sure are a lot of Garcias in here.
가르시아는 왜 이렇게 많은 거야.
sure is/are는 '정말'이라는 강조의 의미로 친한 사이에서 비격식체로 많이 쓰인답니다. 위 문장은 '가르시아라는 (이름이) 정말 많네'로 해석할 수 있죠. It sure is hot. '날씨 정말 덥다.' (It) sure is/are! '정말 그래' 이렇게 쓸 수 있어요.

JOE   All right, this is the last snack! I can barely fit into my pants **as it is. 6:30 is cutting it close.** ❶ Too close. We gotta get back to my place and get you cleaned up and ready to go.

Joe **instinctively** tries cleaning himself, but catches himself:

JOE   Bleck! Ugh. We gotta hail a cab. Hold your hand out. Hold it up and out.

22 tries **hailing a cab**. But they speed by, not stopping.

JOE   This would be hard even if I wasn't wearing a hospital gown.

A cab finally stops a few yards away, about to let out passengers.

JOE   Go! Go, go, go! Just run to that one!

조 좋아, 이게 마지막 간식이야! 지금도 바지가 겨우 맞는다고. 6시 반은 너무 촉박한데. 너무 빠듯해. 우리 집으로 돌아가서 너를 말끔하게 씻기고 제대로 준비시켜야겠어.

조가 본능적으로 자기 몸을 닦다가 멈춘다.

조 뷁! 웩. 택시를 잡아야겠어. 손을 뻗어 봐. 손을 들고 밖으로 뻗으라고.

22가 택시를 잡으려고 한다. 하지만 택시들이 멈추지 않고 쏜살같이 지나간다.

조 택시 잡는 건 내가 환자복을 입고 있지 않아도 힘들었을 거야.

마침내 택시 한 대가 몇 미터 앞에 멈춰 서고, 승객들이 막 내리려는데.

조 어서 개! 가, 가, 개 무조건 저 택시로 뛰어가라고!

---

22 **hobbles** over to the cab door just as it opens. They suddenly **come face to face** with Dorothea Williams, the cab's departing passenger.

JOE   Ahh!

Curley and Miho get out on the other side and gasp at 22. Dorothea looks over 22, in **stained** hospital gown and gnawing on a slice without a care.

DOROTHEA Is that… Teach!?

22   (mouth full) No, it's pepperoni.

Horrified, Joe **shoves** 22 inside the cab, pushing 22's head down. The cab takes off. Dorothea, Curley and Miho watch the cab drive off. Dorothea turns to Curley, angry.

22가 택시 문 쪽으로 절뚝거리며 가는데 바로 그때 택시 문이 열린다. 그들이 택시에서 내리고 있는 도로테아 윌리엄스를 느닷없이 마주하게 된다.

조 아야!

컬리와 미호가 다른 쪽에서 내리면서 22를 보고 학 하며 놀란다. 도로테아가 얼룩진 환자복을 입고 태평하게 피자를 뜯어 먹고 있는 22를 훑어본다.

도로테아 저건… 선생?

22 (입에 한가득 물고) 아니요, 페퍼로니예요.

놀란 조가 22를 택시 안으로 마구 밀어 넣고, 22의 머리를 아래로 누른다. 택시가 출발한다. 도로테아, 컬리, 그리고 미호가 택시가 멀어지는 모습을 바라본다. 도로테아가 화난 얼굴로 컬리를 향한다.

---

as it is 지금 그대로도, 있는 그대로
instinctively 본능적으로, 무의식적으로
hail a cab 손을 흔들어 택시를 세우다/부르다
hobble 다리를 절다, 절뚝거리다
come face to face 대면하다, 얼굴을 마주하다
stained 얼룩투성이의, 얼룩이 묻은
horrified 겁에 질린, 공포에 빠진
shove (거칠게) 밀치다/떠밀다

❶ **It's cutting it close.**
시간이 너무 아슬아슬하다.
거의 뭔가를 놓칠 뻔하거나 못할 뻔했을 때, 특히 시간에 쫓겨서 못할 뻔했을 때 cut it close라는 표현을 쓴답니다. 예를 들어, 1 hour is cutting it close. '1시간은 너무 촉박한데/간당간당한데' 이런 식으로 쓰지요.

A Recovery Plan
실수 만회 작전

🎧 17.mp3

EXT. **QUEENS SIDEWALK** – DAY
22 and Joe come out of the cab, walking up to an apartment building in Queens.

외부, 퀸즈 인도 – 낮
22와 조가 택시에서 내려 퀸즈에 있는 한 아파트 건물 앞으로 걸어간다.

JOE   Ugh! Dorothea Williams saw me! What am I going to do!? She's gonna think I'm crazy! Maybe you should **call her up** and tell her that we're not crazy!

조   윽! 도로테아 윌리엄스가 나를 봤어! 난 이제 어떻게 해야 되냐고!? 날 미쳤다고 생각할 텐데! 아무래도 네가 그녀에게 전화를 해서 우리가 안 미쳤다고 얘기해야 할 것 같아!

22   I've only been a person for an hour and even I know that's a bad idea.

22   인간이 된지 딱 한 시간밖에 안된 내가 봐도 그건 좋은 생각이 아니야.

They walk into the building.

그들이 건물 안으로 들어간다.

INT. JOE'S APARTMENT
22 and Joe step inside his small apartment. **Floor-to-ceiling shelves** against a wall **are lined with vinyl**, surrounding an **upright piano**. Next to it, an **upright bass**. Classic jazz posters hang on other walls.

내부, 조의 아파트
22와 조가 그의 작은 아파트로 들어간다. 벽 쪽으로 바닥에서 천장까지 닿는 선반에는 레코드판이 가득 채워져 있고, 옆에 업라이트 피아노가 있다. 그 옆으로는 더블 베이스 한 대가 놓여 있다. 다른 쪽 벽면에는 고전 재즈 포스터들이 걸려 있다.

JOE   I just gotta get back in my body and really **bring it** tonight.

조   내가 어떻게든 내 몸 안으로 들어가서 오늘 밤에 제대로 보여 줘야만 해.

22 smells the body's **armpit**, then **forearm**.

22가 몸의 겨드랑이와 팔뚝의 냄새를 맡는다.

22   How come this part is **stinky**, but this part smells fine?

22   왜 이 부분은 냄새가 고약한데, 여기는 괜찮은 거지?

Joe points to a laundry pile.

조가 빨래 더미를 가리킨다.

JOE   Never mind, just put those pants on! **Sheesh**, I can't believe I've been walking round in this city with no pants on.

조   그런 건 신경 쓰지 말고, 그냥 어서 저 바지나 입어! 참내, 내가 바지도 안 입고 뉴욕 시내를 걸어다녔다니 말도 안 돼.

Queens 퀸즈, 뉴욕시의 한 자치구 지명
sidewalk 보도, 인도 (= pavement)
call somebody up ~에게 전화를 걸다
floor-to-ceiling shelf 바닥에서 천장까지 이르는 선반
be lined with ~가 줄지어(채워) 있다
vinyl 레코드판(음반), 비닐
upright piano 직립형/수형 피아노
upright bass 더블 베이스 (= double bass)

bring it 자기 능력을 발휘하다, 훌륭한 공연/실력을 보여 주다
armpit 겨드랑이
forearm 팔뚝
stinky 악취가 나는, 역겨운
sheesh 〈구어〉 체, 칫 (shit의 완곡한 표현)

22   I don't even want to be here, remember!?

Joe walks into a **sunbeam**.

JOE   I don't want you here, either. (**yawn**) I just want to get back in my … (**yawn**) body and get back to … (**yawn**) the club.

He **flops down** and starts **purring**.

22   What's the matter with you?

JOE   (**sleepy**) I… don't know. It's the sun… It's just so…

Joe's cell phone in 22's hospital gown pocket rings. Joe **bolts up**!

22   Your clothes are **rumbling** again.

22 **pulls out** Joe's phone. Joe sees it's Curley.

JOE   Curley!

Joe tries to grab it but can't. Instead he **fumbles** the phone **all over** the floor, like a cat with a toy. Finally, the phone **goes silent**.

JOE   Augh!

Joe sees a "**voicemail**" **pop up**. He pushes play.

바로 이 장면!*

CURLEY   (O.S.) Hey, Mr. G. It's Curley. Um… I hope you're doing okay. Dorothea **freaked out** when she saw you. And she called this other guy, Robert. He's got the gig now. I'm sorry.

---

22 난 여기 있길 바란 것도 아니었다고, 기억하지?

조가 햇살 비치는 곳으로 걸어간다.

조 나도 네가 여기에 있는 걸 원하지 않아. (하품한다) 난 그저 다시 들어가고 싶을 뿐이야 … (하품한다) 내 몸 안으로 들어가서… (하품한다) 클럽으로 돌아가고 싶다고.

그가 드러누워서 가르랑거리기 시작한다.

22 대체 왜 그러는 거야?

조 (졸린다) 나도… 모르겠어. 햇볕 때문에… 그냥 너무…

22의 환자복 주머니에 있는 조의 휴대폰이 울린다. 조가 잽싸게 일어선다!

22 네 옷이 또 웅웅거리고 있어.

22가 조의 전화기를 꺼낸다. 컬리에게서 온 전화다.

조 컬리!

조가 휴대폰을 집으려 하지만 할 수가 없다. 오히려 바닥에 떨어진 전화기를 사방으로 만지작거린다. 고양이가 장난감을 가지고 놀듯이, 마침내, 전화기가 조용해진다.

조 아이쿠!

조가 "음성 메시지"가 뜬 걸 본다. 그가 재생 버튼을 누른다.

컬리 (화면 밖) 저기요, 미스터G. 저 컬리예요. 음… 별일 없으신 거면 좋겠네요. 도로테아가 선생님을 보고 완전 뒤집어졌어요. 그러더니 로버트라고 하는 다른 남자한테 연락했더라고요. 그 사람이 공연하기로 했어요. 죄송해요.

---

sunbeam 햇살, 햇빛, 일광	fumble (손으로) 더듬거리다
yawn 하품하다	all over 곳곳에, 온데, 사방에
flop down 털썩 주저앉다, 무너지다	go silent 침묵하다, 조용해지다
purr (고양이가 기분이 좋아서) 가르랑거리다	augh 〈감탄사〉 악, 아이쿠 (공포, 경악)
sleepy 졸음이 오는, 졸리는	voicemail (전화기의) 음성메시지 녹음 장치
bolt up 꼿꼿이 앉다/서다	pop up 불쑥 나타나다, 갑자기 튀어나오다
rumble 우르렁/웅웅/웅성거리는 소리	freak out 질겁하다, 몹시 흥분하다
pull out 빼내다, 꺼내다	

JOE   No, no, no!

조 안 돼, 안 돼, 안 돼!

CURLEY (O.S.) Look. Honestly, your class was the only reason I went to school at all. Like, I **owe** you a lot. So…

컬리 (화면 밖) 저기요. 솔직히 말씀드리면, 제가 학교를 그만두지 않은 이유는 오로지 선생님 수업 때문이었어요. 그러니까, 제가 선생님께 빚이 많아요. 그래서…

Joe stares **nervously** at the phone as Curley finishes:

컬리가 말을 마칠 때 조가 초조하게 전화기를 바라보고 있다:

CURLEY (O.S.) Here's the plan. Clean yourself up, put on a **killer** suit, and get to the club early. I'm going to try to talk to her.

컬리 (화면 밖) 이렇게 해 보자고요. 말끔하게 씻으시고, 끝내주게 멋진 정장을 입고 클럽으로 일찍 오세요. 제가 도로테아에게 잘 얘기해 볼게요.

Joe **gasps**, **spirits lifting**.

조가 헉 놀라고, 사기가 오른다.

CURLEY (O.S.) Just **make sure** you **show up** looking like **a million bucks**, alright? I hope I see you, man. Alright, Peace.

컬리 (화면 밖) 백만 달러의 가치가 있는 사람처럼 보이게 하고 나타나시기만 하면 돼요. 아시겠죠? 뵐 수 있으면 좋겠네요. 쌤. 그럼. 안녕.

JOE   Ohhh! I can get the gig back! 22, I need your help! I have a suit. I'm gonna need you to **try it on**. And then, I can **line up** my hair a little bit and I can—

조 오오오! 공연 기회를 되찾아 올 수 있어! 22, 네 도움이 필요해! 내게 정장이 있어. 네가 한번 입어 보면 좋겠구나. 그리고 나서 머리를 좀 정리하고 또—

22   No, no, no. Nope. Nope. Nope. Nope. No way! No way, **nohow**.

22 아니, 아니, 아냐, 싫어, 싫어, 싫어, 싫다고. 절대 안 돼! 안 돼, 절대 안 돼.

JOE   22!

조 22!

Knock, knock, knock!
22 and Joe freeze, staring at the front door.

똑, 똑, 똑!
22와 조가 현관문을 응시하며 얼어붙는다.

CONNIE (O.S.) Mr. Gardner?

코니 (화면 밖) 가드너 선생님?

JOE   **Bah**! It's Connie. She's here for her lesson.

조 으아! 코니야. 레슨 받으러 왔네.

22   What do I do!?

22 어떻게 해야 하지!?

---

owe 빚지다, 신세 지다

nervously 초조하게, 불안해하며

killer (매우 힘들거나 혹은 뛰어나서) 죽여주는 것, 죽여주는/끝내주는

gasp 헉 하고 놀라다, 숨이 턱 막히다

lift a person's spirit 기운을 돋우다

make sure 반드시 하다, 확실하게 하다

show up (예정된 곳에) 나타나다

a million bucks 〈비격식〉 백만 달러

try on (옷, 신발 따위를) 입어/신어보다

line up 반듯하게 하다, 자리 잡게 하다

nohow 〈비격식〉 결코/조금도 ~않다

bah 흥, 체 (못마땅함을 나타내는 소리)

CONNIE	I can hear you!	코니	선생님 목소리 들려요!
JOE	Just tell her you can't do it today.	조	그냥 오늘은 못한다고 말해.

22 goes to the door, talking through it:

22가 문 쪽으로 가서 문에 대고 말을 한다:

22	Hi, Connie. Sorry, but Joe can't do it today. I mean me… me can't do it today.	22	안녕, 코니. 미안한데 조가 오늘은 못한데. 그러니까 내 말은… 내가 오늘 못한다고.
JOE	Good. Now, let's go check out that suit –	조	잘했어. 자 이제, 그 정장을 보자고 –
CONNIE	(O.S.) I came to tell you that I **quit**!	코니	(화면 밖) 저 그만둔다고 말하려고 왔어요!
22	(**mildly intrigued**) Quit?	22	(약간 흥미를 느끼며) 관둔다고?
JOE	Ugh. We don't have time for this. The suit is in the closet…	조	으으. 우리 이럴 시간 없는데. 정장은 옷장에 있어…
CONNIE	(O.S.) Band is a stupid **waste of time**!	코니	(화면 밖) 밴드는 멍청하게 시간 낭비하는 거라고요!
22	(more intrigued) This kid is **talking sense**.	22	(더 흥미를 느끼며) 이 아이가 납득되는 말을 하네.

22 opens the door.

22가 문을 연다.

JOE	What are you doing!?	조	너 뭐 하는 거야!?

---

quit (하던 일을) 그만두다
mildly 약간, 가볍게
intrigued 아주 흥미로워/궁금해하는
waste of time 시간 낭비
talk sense 이치에 닿는 말을 하다

22 & Connie Hit It Off

죽이 척척 잘 맞는 22와 코니

🎧 18.mp3

INT. JOE'S APARTMENT – HALLWAY
22 and Joe peek out behind the chained apartment door. Outside is Connie, the **trombonist** from Joe's middle school band class. She holds out her trombone to 22, angry.

내부. 조의 아파트 – 복도
22와 조가 체인을 걸은 아파트 문 뒤로 엿본다. 밖에 조의 중학교 밴드 수업의 트롬본 연주자, 코니가 있다. 그녀가 화난 표정으로 22에게 트롬본을 내민다.

바로 이장면!*

CONNIE	Here, I quit! I think jazz is **pointless**!	코니 여기요, 저 그만둘래요! 재즈는 의미가 없는 것 같아요!
22	Oh, yeah, jazz is definitely pointless.	22 오, 그래, 재즈는 확실히 의미가 없어.
JOE	Hey!	조 야!
CONNIE	In fact, all of school is a waste of time.	코니 솔직히, 학교에 가는 것 자체가 시간 낭비라고요.
22	Of course. Like my mentor George Orwell used to say: **state sponsored education is like the rattling of a stick inside a swill bucket.**❶	22 물론이야. 나의 멘토인 조지 오웰은 이렇게 말하곤 했지: 정부가 주관하는 교육은 돼지 여물통 안에 넣은 막대기가 달그락거리는 것과 같다.

Connie's eyes go wide:

코니의 눈이 커진다:

CONNIE	Yeah!	코니 맞아요!
22	The ruling class's **core curriculum stifles dissent**. It's the **oldest trick** in the book.	22 지배 계급의 주요 교육 과정은 반대 의견을 억압하지, 그건 가장 낡아빠진 수법이라고.
JOE	What are you talking about!? She doesn't care about any of that—!	조 뭔 소리를 하는 거야!? 쟤는 그런 거 하나도 이해 못 해—!
CONNIE	I've been saying that since the third grade!	코니 제가 3학년 때부터 계속 그렇게 얘기해 왔다고요!

---

trombonist 트롬본 연주자

pointless 무의미한, 할 가치가 없는

state sponsored education 정부가 지원/후원/주도하는 교육

core 핵심되는, 중요한

curriculum 커리큘럼, 교육과정

stifle 억누르다, 억압하다

dissent 반대 (의견)

oldest trick 고전적인/낡은 수법

❶ **주어 + be동사 + like the rattling of a stick inside a swill bucket.**
~는 돼지 여물통 안에 넣은 막대기가 달그락거리는 것과 같다.
swill bucket은 '돼지 여물통'이고, rattle은 '덜거덕거리다'라는 의미의 동사예요. 이 표현은 조지 오웰의 말로, 돼지가 막대기 소리에만 이끌려서 우리 안에 갇히는 것처럼, 우매한 사람들이 자신에게 해가 되는 줄도 모르고 선동이나 광고 같은 것에 이끌려 간다는 뜻이에요.

JOE	Ugh.	**조**	으으
<u>22</u>	You know, you seem really smart. What is **your position on pizza**?	22	넌 참 똑똑한 것 같구나. 피자에 대해서는 어떻게 생각하니?
<u>CONNIE</u>	Uh... I like it?	코니	어… 좋아하는데요?

<u>22</u>	Me. Too!	22	나도, 역시!

22 **unchains** the door and **swings** it **open**, tossing Joe off her shoulder.

22가 체인을 풀어서 문을 활짝 열고 조를 그녀의 어깨에서 떨쳐버린다.

JOE   What are you doing?

조   너 뭐하는 거야?

<u>22</u>   I'd **rather hang with** Connie.

22   난 코니하고 있는 게 더 좋아.

22 shuts the door, **leaving Joe alone** in the apartment.

22가 조를 아파트에 홀로 남겨 두고 문을 닫는다.

JOE   What? Come back here!

조   뭐야? 이리 돌아와!

Connie and 22 watch Joe's paws reach for them from under the apartment door.

코니와 22가 조의 발들이 아파트 문 밑에서 그들을 향해 뻗쳐 나오는 것을 본다.

JOE   (O.S.) You open this—!

조   (화면 밖) 이 문 열어—!

But from Connie's POV, we hear Joe yowling.

하지만 코니의 시점에서는, 조가 울부짖는 소리로 들린다.

<u>CONNIE</u>   Um, I think your cat wants to get out.

코니   음, 선생님 고양이가 나오고 싶어 하는 것 같은데요.

<u>22</u>   Ugh, he thinks he knows everything.

22   으, 쟤는 자기가 다 안다고 생각한다니까.

Inside Joe's Apartment – Joe looks under the door, **frantic**, yelling at 22:

조의 아파트 안 – 조가 광분하여 22에게 소리 지르며 문 밑으로 본다:

JOE   22! Don't you **walk away from me**! Come here right now! I'm gonna scratch up the sofa! (**catching himself**) Wait a minute, that's my sofa.

조   22! 그냥 가기만 해 봐! 지금 당장 이리 와! 내가 소파를 긁어 놓을 거야! (자각하며) 잠깐, 이건 내 소파잖아.

---

one's position on something ~에 대한 ~의 입장/의견

unchain 사슬을 풀다

swing open 활짝 열다/열리다

rather 뇌이러, 지리리

hang with 〈비격식〉 ~와 함께 시간을 보내다

leave ~ alone ~을 내버려두다

frantic (두려움, 걱정으로) 제정신이 아닌

walk away from something/-body (외면하고) 떠나 버리다

catch oneself 하던 말/일을 갑자기 멈추다

Back in the **stairway**: 22 and Connie sit on the **stairs**.

22　　You really got things **figured out**, Connie.

CONNIE　I'd better give this back. It belongs to the school.

22　　Sure.

Connie passes 22 her trombone. 22 quickly takes it. But as 22 talks Connie looks as if she's just given up her dog.

22　　You know, I really am glad there's someone else who sees how **ridiculous** this place is. You're right to quit, I learned about quitting just—

But Connie starts to **have second thoughts**. She takes back the trombone case, opens it and pulls out the trombone:

CONNIE　(interrupting) Uh, you know what Mr. G? I was practicing this one thing yesterday and... maybe you can listen to it and tell me to quit after, okay?

Connie starts playing.

22　　Uh, okay.

22 listens politely, not expecting much. But Connie is good. 22 becomes inspired while watching Connie **get lost in** the music.

Back in the stairway – Connie finishes her solo. 22 is **awestruck**.

22　　Wow. You really love this!

CONNIE　Yeah. So maybe I'd better **stick with** it?

다시 계단에서 – 22와 코니가 계단에 있는다.

22 넌 정말 현실을 잘 파악하고 있구나, 코니.

코니 이건 돌려드리는 게 좋을 것 같아요. 학교 물건이니까요.

22 그러렴.

코니가 22에게 트롬본을 건네준다. 22가 재빨리 받는다. 하지만 22가 말하는 동안 코니의 얼굴은 마치 자기가 키우던 강아지를 내어준 듯한 표정이다.

22 있잖니, 여기가 얼마나 터무니없는 곳인지 아는 사람이 나 말고도 또 있다니 정말 기쁘구나. 그만두는 건 잘 선택한 거야. 난 포기라는 걸 알게 되었는데—

하지만 코니가 자신의 결정에 대해서 다시 생각하기 시작한다. 그녀가 트롬본 케이스를 다시 가져가서 열고 트롬본을 꺼낸다.

코니 (말을 끊으며) 어, 근데 있잖아요 미스터G? 제가 어제 이걸 연습했었는데요… 한번 들어보고 난 다음에 그만두라고 해 주시겠어요, 네?

코니가 연주하기 시작한다.

22 어, 그래.

22가 큰 기대는 하지 않고 정중하게 듣는다. 그런데 코니가 잘 분다. 코니가 음악에 푹 빠져드는 걸 보면서 22에게 감흥이 일어난다.

다시 계단에서 – 코니가 솔로 연주를 마친다. 22는 경이로워한다.

22 우아, 너 이거 정말 좋아하는구나!

코니 네, 그러면 혹시 저 이거 계속하는 게 더 좋을까요?

---

stairway (건물 내/외부에 있는) 계단
stairs (건물 층과 층 사이의) 계단
figure out (생각한 끝에) ~을 이해하다/알아내다
ridiculous 말도 안 되는, 터무니없는
have second thoughts 다시 생각해 보다
interrupt (말, 행동을) 방해하다, 중단시키다
get lost in something ~에 흠뻑 빠져들다
awestruck 〈문예체〉 경이로워하는, 위압 당한

stick with ~을 계속하다, 포기하지 않고 버티다

22 Yeah!	22 그래!

Inside Joe's apartment – Panicked, Joe has nearly given up when he hears:

조의 아파트 – 공황 상태에 빠져서 조가 거의 포기하려는 순간에 그의 귀에 들려온다:

CONNIE   (O.S.) Bye, Mr. G. See you next week!

코니 (화면 밖) 미스터G, 안녕히 계세요. 다음 주에 봬요!

He looks under the door to see Connie walk away. Joe jumps on the **doorknob**, **determined**, **hanging** there **desperately**:

그가 문 밑으로 코니가 멀어지는 걸 본다. 조가 문 손잡이에 뛰어올라, 결연히 필사적으로 매달린다.

JOE   22!

조 22!

The door swings open, tossing him off. 22 walks in, trying to **figure something out**:

문이 활짝 열리면서 그가 내동댕이쳐진다. 22가 뭔가를 이해하려고 애쓰며 들어온다.

22   So, Connie came here to quit, but then she didn't?

22 그러니까 코니가 그만두려고 왔었는데, 그만두지 않았다?

JOE   22, forget about that, listen—

조 22, 그런 건 신경 끄고, 잘 들어—

22   I need to know this, Joe. Why didn't she quit?

22 난 알고 싶어, 조. 그녀가 왜 그만두지 않은 거지?

JOE   Because she loves to play. She might say she hates everything, but trombone is **her thing**. She's **good at** it. Maybe trombone is her Spark, I don't know.

조 연주하는 걸 너무 좋아하니까 그렇지. 걔가 세상만사가 다 싫다고 말할지는 몰라도 그녀에게 트롬본은 정말 소중하거든. 그녀의 트롬본 연주 실력은 대단해. 어쩌면 트롬본이 그녀의 불꽃일 지도 몰라, 나도 잘 모르겠지만.

22 **ponders** this.

22가 이 일에 대해서 곰곰이 생각한다.

JOE   Please. If I'm going to **get** this gig **back**, I need your help.

조 제발. 이 공연 기회를 다시 얻으려면 네 도움이 필요해.

22   (beat) Okay.

22 (정적) 알았어.

JOE   (surprised) Really?

조 (놀라며) 정말?

---

doorknob (문의) 손잡이

determined 단단히 결심한, 단호한, 결단을 내린

hang 매달리다

desperately 필사적으로, 절박하게, 절망적으로

figure ~ out ~을 이해하다

one's thing ~가 특별한 가치가 있다고 여기는 것, ~에게 무엇보다 더 소중한 것

good at ~을 잘하다, ~에 소질이 있다

ponder 〈격식〉 숙고하다, 곰곰이 생각하다

get ~ back ~을 되찾다

22	I'll help you. But I... wanna try a few things. Some of it's not as boring as it is at the You Seminar. If Connie can find something she loves here, maybe I can too.
JOE	Great!
22	So... what do we do first?!

CUT TO:
Joe **paces** outside the bathroom as 22 **takes a shower**:

22	(O.S.) Woeoweoweooewoweee! This water hurts!
JOE	(calling **through** the door) It's okay. You just have to turn the other knob.
22	(O.S.) Oh, okay, that's better.
JOE	And I wouldn't be mad if you put a little lotion on me when you're done.
22	(O.S.) I washed your **butt** for you.

In the bathroom – 22 **spits toothpaste** into the **sink**:

22	Bleck! **Spicy**! Spicy!

22 도와줄게. 하지만 내가… 해 보고 싶은 게 몇 개 있어. 어떤 것들은 유 세미나에서 했던 것만큼 따분하지 않을 수도 있어. 코니가 이 지구에서 자신이 사랑하는 것을 뭔가 찾을 수 있다면, 아마 나도 찾을 수 있겠지.

조 좋았어!

22 그러면… 이제 무엇부터 해야 하지!

장면 전환:
22가 샤워를 하는 동안 조가 욕실 밖에서 초조하게 왔다 갔다 한다.

22 (화면 밖) 으아아아우아아이아이워우우! 이 물 아파!

조 (문에 대고 외치며) 괜찮아. 다른 쪽 손잡이를 돌리면 돼.

22 (화면 밖) 오, 그래, 좀 낫네.

조 그리고 샤워 다 끝나고 내 몸에 로션 좀 발라주면 내 맘이 좀 편하겠어.

22 (화면 밖) 내가 널 위해서 네 엉덩이도 씻었어.

화장실에서 – 22가 세면대에 치약을 뱉는다:

22 우웩! 매워! 매워!

---

pace (초조해서) 서성거리다
take a shower 샤워를 하다
through ~을 통해, 사이로
butt (비격식) 엉덩이 (buttocks)
spit (입에 든 음식 등을) 뱉다, 침을 뱉다
toothpaste 치약
sink 개수대, 세면대, 싱크대
spicy 매운, 양념 맛이 강한

Terry time!
테리가 최고야!

🎧 19.mp3

In the living room – As Joe **tends** to his suit jacket, 22 tries to put on socks but falls.

거실에서 – 조가 정장 재킷을 살피고 있고, 22가 양말을 신으려고 하다가 넘어진다.

EXT. THE YOU SEMINAR
A pair of Counselors is **directing a flock of** new souls into several Pavilions.

외부. 유 세미나
카운슬러 둘이 한 무리의 새로운 영혼들을 여기저기 전시관들 쪽으로 안내하고 있다.

바로 이장면!*

COUNSELOR JERRY A   You five will be **insecure**. And you twelve will be **self-absorbed**.

카운슬러 제리A 너희 다섯은 정서적으로 불안정한 성격이 될 거야. 그리고 너희 열둘은 자아도취적인 성격이 될 거고.

COUNSELOR JERRY B   We really should stop sending so many through that pavilion—

카운슬러 제리B 저쪽으로 너무 많이 보내면 안 될 것 같은데—

TERRY   (O.S.) Found him!

테리 (화면 밖) 요놈 찾았다!

Terry runs up with file.

테리가 파일을 들고 올라온다.

TERRY   See that, everybody? Who figured out why the **count's off**? That's right, Terry did! **Terry time!**❶

테리 이거 보여, 모두들? 왜 계산이 안 맞는지 누가 해결했지? 그래 맞아, 테리가 했지! 테리가 최고야!

COUNSELOR JERRY A   Wow. Nice work!

카운슬러 제리A 우와. 정말 대단해!

COUNSELOR JERRY B   Well, who is it?

카운슬러 제리B 대체 누구 때문에 그랬던 거야?

Terry **flips through** the file:

테리가 파일을 휙휙 넘긴다:

TERRY   Right. Joe Gardner is his name. It looks like he's back down on Earth.

테리 그래. 그의 이름은 조 가드너야. 그가 다시 지구로 내려간 것 같아.

---

tend 돌보다, 보살피다, 가꾸다, 장식하다
direct 총괄하다, (길을) 안내하다/알려주다
a flock of ~의 떼/무리
insecure 자신이 없는, 불안정한
self-absorbed 자신에게만 몰두한, 자아도취적인
count 셈, 계산
off 벗어난, 틀린
flip through ~을 훑어보다, (책장을) 휙휙 넘기다

❶ **Terry time!**
테리가 가장 빛나는 시간! 테리가 최고야!
위기의 순간에 빛이 날 정도의 실력 발휘를 할 때, '사람 이름 + time'의 표현을 써요. 예를 들어, 어떤 야구 선수가 8회만 되면 타석에서 뜨거워지는데, 이번에도 8회에 홈런을 치거나 대단한 활약했을 때, 그 선수의 이름 뒤에 time을 붙여서 '~의 시간/~최고'라며 사람들이 환호하죠.

COUNSELOR JERRY A	That's not good.	카운슬러 제리A 그건 안 좋은데.
COUNSELOR JERRY B	That's the mentor we **set up** with 22.	카운슬러 제리B 그는 22하고 우리가 짝지어 준 멘토인데.
TERRY	All right, all right. **Easy on** the **hysterics**. Terry's **got this under control**. I'll **handle** it.	테리 괜찮아, 괜찮아. 너무 과민 반응하지 마. 테리가 다 알아서 정리할 테니까. 내가 처리할게.

COUNSELOR JERRY B	How?	카운슬러 제리B 어떻게?

Terry opens a portal down to Earth.

테리가 지구로 내려가는 관문을 연다.

TERRY	I'll go down there and get him. **Set** the count **right, lickety-split**.	테리 지구로 내려가서 그 녀석을 잡아 올 거야. 계산을 바로잡을 거라고. 지금 즉시.
COUNSELOR JERRY B	Okay, whoa, are you sure that's a good idea?	카운슬러 제리B 자, 워워. 그게 정말 좋은 생각일까?
TERRY	Look, you all are the ones who **beefed** it. I'm trying to un-beef it.	테리 이봐, 한바탕 불평을 쏟아낸 건 너희들이었어. 난 그 불평을 없애 주려고 하는 거야.
COUNSELOR JERRY A	But you cannot be **seen**.	카운슬러 제리A 하지만 넌 모습을 노출하면 안 되잖아.
COUNSELOR JERRY B	By anyone!	카운슬러 제리B 그 누구에게도!
TERRY	Don't worry. I'll make sure no one else sees me. I'll move among the shadows, like a **ninja**.	테리 걱정 마. 다른 사람은 아무도 나를 못 보게 할 거니까. 그림자 속으로만 다닐 거야. 닌자처럼.
COUNSELOR JERRY A	Please, just do it quickly and quietly.	카운슬러 제리A 꼭 재빠르게 그리고 조용히 일을 처리해 줘.
COUNSELOR JERRY B	And also quickly. And quietly as well.	카운슬러 제리B 그리고 또 빠르게. 그리고 또 조용히.

Terry **salutes**, then jumps down towards Earth. The Counselors look down after Terry.

테리가 경례하고 지구를 향해 점프한다. 카운슬러들이 테리의 모습을 내려다본다.

---

set up (어떤 일이 있도록) 마련하다
easy on ~에 관대한, ~을 적당히/살살
hysterics 히스테리 발작
have (got) something under control ~을 제어/통제하다
handle 다루다, 처리하다
set something right ~을 바로잡다, 정리하다
lickety-split 〈비격식〉 매우 빨리, 즉시
beef 〈비격식〉 ~에 대해 불평을 해대다

seen (눈에) 보이는, 볼 수 있는
ninja 닌자 (일본 전통 무술 수련자), 닌자처럼 몰래 행동하는
salute 경례하다, 경의를 표하다

COUNSELOR JERRY B   This won't be a disaster, that's for sure.

INT. JOE'S APARTMENT
Joe admires 22, now wearing his **ill-fitting** brown suit.

JOE   Mmm. **Trusty** old brown suit. Still a perfect fit!

22   It's a little tight in the back-here part.

22 points to the rear.

JOE   It'll **loosen**. Sit down.

22 sits on the floor. Joe pushes over a tall stack of records in front of 22, to use as a **stool**. He picks up **electric clippers**.

22   I'll do it.

JOE   You couldn't call an elevator, remember? No way. I just need to line me up. Now be still.

Joe turns on the clippers. His entire cat body **vibrates unsteadily**. He shakes as he reaches the clipper forward to 22's hairline. 22 looks at him, **leery**.

22   Ahhh... it's like a little tiny **chainsaw**!

JOE   Don't move!

22   I'm not moving! You're moving!

Joe **loses his footing** on the stack of records. They shoot out from under him. The clippers sail out of his paws and take a big, long **divot** of hair out of 22's scalp. They hit the floor across the room, **shattering**. Joe looks at the **reverse-mohawk** on 22's scalp, horrified:

JOE   Aahhhh! Oh, no!

카운슬러 제리B   설마 큰 사고는 없겠지, 분명히.

내부, 조의 아파트
몸에 안 맞는 갈색 양복을 입은 22를 조가 감탄하며 바라본다.

조   음. 역시 언제라도 믿고 입을 수 있는 갈색 양복이야. 여전히 완벽하게 잘 맞는군!

22   이 뒤쪽이 좀 꽉 끼는데.

22가 엉덩이를 가리킨다.

조   좀 느슨해질 거야. 앉아 봐.

22가 바닥에 앉는다. 조가 22 앞으로 높게 쌓아 올린 음반들을 의자 삼으려고 민다. 그가 전동 이발기(바리깡)를 집어 든다.

22   내가 할게.

조   넌 엘리베이터도 못 잡았다고, 기억나니? 어림없지, 좀 다듬기만 할 거야. 움직이지 말고 가만히 있어 봐.

조가 전동 이발기를 켠다. 그의 고양이 몸 전신이 다 불안정하게 진동한다. 그가 22의 머리 쪽으로 이발기를 가져가는데 몸이 울린다. 22가 불안한 표정으로 그를 쳐다본다.

22   아아… 무슨 소형 사슬톱 같아!

조   움직이지 매

22   내가 움직이는 거 아니야! 네가 움직이는 거야!

조가 음반 더미 위에서 발을 헛디딘다. 그것들이 그의 발 아래에서 줄줄이 빠져 나온다. 전동 이발기가 그의 발에서 빠져나가서 22의 머리에 큰 땜빵을 만든다. 깎여진 머리카락들이 사방으로 뿌려진다. 조가 22의 머리에 모호크 모양 반대로 땜빵이 생긴 것을 보며 경악한다:

조   아아아아! 오, 안 돼!

---

for sure 〈의심할 여지없이〉 확실히/틀림없이

ill-fitting 〈크기, 모양이〉 안 맞는

trusty 〈오랫동안 변함없이 함께〉 믿을 수 있는

loosen 느슨하게 〈헐겁게〉 하다/되다

stool 〈등받이와 팔걸이가 없는〉 의자, 스툴

electric clippers 전동 바리깡, 전동식 이발기

vibrate 진동하다, 가늘게 떨다/흔들리다

unsteadily 불안정하게, 뒤뚱뒤뚱

leery 〈비격식〉 ~을 경계하는, 미심쩍어하는

chainsaw 전기톱, 동력 사슬톱

lose one's footing 넘어지다, 발을 헛디디다

divot 디벗 〈골프채에 뜯긴 잔디 조각〉

shatter 산산이 부서지다, 산산조각 나다

reverse 〈정반대로〉 뒤바꾸다, 반전/역전시키다

Mohawk 〈북미 원주민 부족〉 모호크 족, 머리 스타일(reverse-mohawk는 모호크 반대 머리, 즉 머리에 고속도로(땜빵)가 난 상태)

22	Don't worry. I'm okay.	22 걱정 마. 난 괜찮아.
JOE	No, no, no! My hair! My hair is not okay! This is a disaster! We gotta fix this! Right now!	조 아냐, 아냐, 안 돼! 내 머리! 내 머리가 안 괜찮다고! 이건 완전 대참사야! 이 문제를 해결해야만 해! 지금 당장!
22	Okay! How?	22 알았다고! 근데 어쩌라고?
JOE	We gotta go see Dez!	조 데즈를 만나러 가야 해!
22	Great. Who's Dez?	22 좋아. 근데 데즈가 누구야?

INT. BARBER SHOP
Inside the neighborhood barber shop, hair gently falls to the ground as the loud buzzing sound of multiple hair clippers fills the shop. Barbers are cutting and **trimming** the hair of Men and Boys while **razzing** each other:

내부. 이발소
동네 이발소 안. 여러 전동 이발기의 윙윙거리는 소음이 가득한 가운데 머리카락이 바닥에 사뿐히 떨어진다. 이발사들은 시끌벅적한 속에 남자들과 소년들의 머리를 자르고 다듬고 있다.

BARBER	How'd you get that big **peanut head**?	이발사 어쩌다가 그렇게 왕땅콩 머리가 되셨나 그래?
CUSTOMER	Man, shut up. You know, I'm **sensitive** about that. I lost my hair **at an early age**.	고객 아, 그런 말 말라고. 이봐, 나 그거 아주 예민하다고. 젊었을 때 머리가 빠져서.

EXT. BARBER SHOP – DAY
Joe and 22 **peer** through the window. The hair disaster is hidden under a hat.

외부. 이발소 – 낮
조와 22가 창문 안을 들여다본다. 머리 대참사는 모자로 감췄다.

JOE	Dez is that guy in the back. He can fix this. **Talk about having a Spark!❶** This guy **was born to be** a barber.	조 뒤쪽에 있는 남자가 데즈야. 그가 이 문제를 해결할 수 있어. 불꽃 중의 불꽃을 가진 사람이지! 저 친구는 이발사가 되기 위해 태어났다고.
22	But I can't **pass for** you in front of all your friends!	22 근데 네 친구들 앞이라 내가 당신인 척하기가 어려울 것 같은데!
JOE	Dez is the only one I that talk to. We usually talk about jazz, but this time just sit there, get the cut and get out.	조 내가 알고 지내는 사람은 데즈밖에 없어. 보통 때는 그와 재즈 얘기를 많이 하는데, 오늘은 그냥 앉아서 머리만 자르고 바로 나가자고.

---

trim 다듬다, 손질하다
razz 〈비격식〉 유쾌하게 장난치며 놀리다
peanut head 땅콩 모양 머리 (머리숱이 적을 때 놀리는 표현)
sensitive 예민한, 민감한
at an early age 젊었을 때
peer (잘 안 보여서) 유심히 보다/응시하다
be born to be ~하기 위해 태어나다
pass for (가짜 따위가) ~으로 통하다

❶ **Talk about having a Spark!**
불꽃 중의 불꽃을 가진 사람이야!
Talk about ~은 강조의 뜻으로 '~하기가 말도 못한다/이룰 말할 수가 없네'와 같은 뉘앙스로 쓰는 표현이에요. 예를 들어, Wow, talk about terrible service. I'm never coming back here again. '와, 서비스 끔찍하기가 이루 말할 수 없네. 여기 오나 봐라' 이런 식으로 쓸 수 있어요.

Joe Cat & Lollipop Lover 22

조 고양이 그리고 막대사탕 사랑꾼 22

🎧 20.mp3

INT. BARBER SHOP
22 carries Joe into the shop. The customers and barbers all **give a synchronized** silent "**nod**," then go back to their conversations. Joe's barber, Dez, is about to **take on** a Customer.

DEZ Hey, Joe! What're you doing here on a weekday? You didn't call for an appointment, man. It's gonna be a while.

JOE (to 22) Aw, I was afraid of this. Go ahead and sit down.

22 looks for a seat. **Unthinking**, she **takes off** her hat, revealing the Awful Clipper Disaster. Everyone **reacts**:

CUSTOMERS/BARBERS **Daaaaaang!**

DEZ **Oh my Lawd!!!**

Dez pushes away his **customer**:

DEZ You gotta wait, son. This is an emergency!

CUSTOMER What?! **That ain't cool**, Dez!

DEZ You could always let Harold cut your hair. His chair's **wide open**.

Harold, another barber, looks up from the newspaper he's reading while sitting in his empty barber chair. Through his **bottle-thick eyeglasses**, he silently **blinks** and smiles, too **eager** for a customer.

내부. 이발소
22가 조를 안고 이발소로 들어간다. 고객들과 이발사들이 모두 아무 말 없이 고개만 '끄떡' 하며 인사하고 다시 원래 나누던 대화로 돌아간다. 조의 이발사 데즈가 고객을 응대하려는데.

데즈 안녕, 조! 주중인데 오늘 어떻게 왔어? 예약도 안하고 왔네. 시간 좀 걸릴 것 같은데.

조 (22에게) 아, 이럴까 봐 불안했는데. 일단 가서 앉아.

22가 있을 곳을 찾는다. 아무 생각 없이 그녀가 모자를 벗는다. 끔찍했던 이발기 참사를 드러내고 만다. 모두가 반응한다.

고객들과 이발사들 오 맙소사!

데즈 오 주님!!!

데즈가 그의 고객을 밀어낸다.

데즈 자네는 좀 기다려야 될 것 같네. 이건 비상사태라고!

고객 뭐야?! 이건 좀 아니지, 데즈!

데즈 해롤드한테 잘라 달라고 하면 되잖아. 저 자리에 아무도 없네.

다른 이발사 해롤드가 빈 이발소 의자에 앉아서 신문을 읽다가 신문 위로 고개를 든다. 그가 고객 응대하기를 간절히 원하는 표정으로 두꺼운 안경알 사이로 얌전히 눈을 깜빡이며 미소 짓는다.

---

give a nod 고개를 가볍게 끄덕이다
synchronize 동시에 발생하다/움직이다
take on (일 등을) 맡다, (책임을) 지다
unthinking 생각이 없는, 무모한
take something off (옷 등을) 벗다/벗기다
react 반응하다, 반응을 보이다
dang (damn의 완곡한 표현) 이런, 젠장, 쳇

Oh my Lawd 〈비격식〉 맙소사 (= Oh my Lord! Lord를 흑인 영어 발음으로 Lawd라고 표기)
That ain't cool. 〈비격식〉 그런 행동/말은 유쾌하지 않다
wide open 활짝 열린, 훤히 트인
bottle-thick eyeglasses 예전 콜라병처럼 매우 두꺼운 렌즈로 만든 안경
blink 눈을 깜박이다
eager 열렬한, 간절히 바라는

CUSTOMER **Nah.** I can wait.

고객 아냐. 기다릴 수 있어.

The customer takes a seat in the waiting area.

그 고객은 대기석으로 가서 앉는다.

DEZ   Joe, get your butt in this chair. Now.

데즈 조, 빨리 와서 여기 앉아. 당장.

22 sits, still holding Joe. Paul, the customer next to Dez, **scowls** at Joe. They **have a history**.

22가 앉는데, 여전히 조를 안고 있다. 데즈 옆에 있는 고객, 폴이 조를 도끼눈으로 쳐다본다. 둘 사이에 뭔가 일이 있었던 관계다.

바로 이장면!*

DEZ   Should I even ask you how this happened?

데즈 대체 어쩌다가 이렇게 됐는지 물어봐도 되나?

22   The cat did it.

22 이 고양이가 이런 거야.

JOE   (to 22) Stop sounding **insane**.

조 (22에게) 정신 나간 소리 좀 그만해.

22   I mean, I was **distracted** getting ready to play with Dorothea Williams tonight.

22 아니 내 말은, 오늘 밤에 도로테아 윌리엄스와 공연하는 것 준비하느라 정신이 팔려서 그랬다고.

DEZ   Dorothea Williams?! That's **big time**, Joe! Congratulations!

데즈 도로테아 윌리엄스라고?! 와 엄청난데, 조! 축하해!

PAUL   Joe ain't getting no gig, Dez. You know he's Mr. **Close-But-No-Cigar.** ❶

폴 조는 공연 못해, 데즈. 막판에 떨어질 거라고.

JOE   Psh. This guy.

조 아유. 이 자식이.

DEZ   Joe, ignore him. Now, let's **fix you up**.

데즈 조, 그냥 무시해. 자, 이 머리를 해결해 보자고.

DEZ   You keeping that cat on your lap?

데즈 그 고양이는 무릎에 계속 안고 있을 건가?

22   Is it okay that I do that?

22 그래도 괜찮으려나?

Dez throws an apron around 22 and Joe. Joe quickly pushes out of it, staying on 22's lap.

데즈가 22와 조 위로 이발용 천을 두른다. 조가 재빨리 천 밖으로 나와서 22의 무릎 위로 있는다.

---

nah 아니 (= no)

scowl 노려보다, 쏘아보다

have a history (둘 사이) 쌓인 게/사연이 있다

insane 정신 이상의, 미친

distracted 정신이 산란/산만해진

big time (특히 연예계에서의) 대성공

fix something/-body up ~을 수리하다/단장하다

❶ **Close-But-No-Cigar.**
막판에 떨어질 거야.
'어떤 것(목적)을 거의 이룰 뻔하다가 못한 상황' 즉, 성공하면 시가를 상으로 받고 즐길 수 있지만, 그럴 단계는 아니라는 표현으로 퀴즈쇼나 스포츠 등에서 쓰이죠. 의역해서 '잘하긴 해도 아주 대단하지는 않아'라고 할 수 있어요.

DEZ	**Suit yourself. You're the boss.❶**

<u>22</u>	I am?
DEZ	When you're in this chair, yeah, you are.
<u>22</u>	So... can I have one of those?

22 points to a jar full of **lollipops**.

DEZ	Uhh, sure, Joe.

Dez hands one to her. She quickly unwraps it and pops it into her mouth, smiling.

<u>22</u>	Cool. I like being in the chair.

Joe cat **chides** her.

JOE	Hey, **get your head in the game**!

Dez **fires up** his hair clippers, startling 22.

<u>22</u>	Ah! Little chainsaw!
JOE	You need to settle down! If you keep this—

But from Dez's POV – he sees a cat yowling at Joe. He puts a hand on 22's shoulder:

DEZ	Look, I can deal with some **freaky** stuff, but if this cat don't **chill**, we're gonna have to put it outside.
<u>22</u>	(smug) **Well, what's it gonna be,❷** kitty?

데즈 좋을 대로 해. 네가 대장이니까.

22 내가?

데즈 이 의자에 앉은 사람이 대장이지, 그렇지.

22 그럼… 저거 하나만 먹어도 되나?

22 막대사탕이 든 통을 가리킨다.

데즈 어, 물론이지, 조.

데즈가 그녀에게 하나를 건넨다. 그녀가 재빨리 하나를 까서 입 안에 쏙 넣고 미소 짓는다.

22 좋네. 이 의자에 앉는 거 마음에 드네.

고양이 조가 그녀를 꾸짖는다.

조 이봐, 정신 차리고 상황에 집중해!

데즈가 이발기를 켜자 22가 놀란다.

22 애 소형 사슬톱!

조 진정하라고! 너 계속 이러면—

하지만 데즈의 시점으로는 – 고양이가 조를 향해 울부짖는 것으로 보인다. 그가 22의 어깨에 손을 얹는다:

데즈 이봐, 내가 웬만한 건 다 참을 수 있는데, 근데 이 고양이가 계속 이렇게 씩씩대면 밖으로 내보낼 수밖에 없어.

22 (으스대듯이) 자, 이제 어쩔래, 야옹아?

---

suit oneself 자기 마음대로 하다
lollipop 막대사탕 (= lolly, sucker)
chide 〈격식〉 꾸짖다, 책망하다
get one's head in the game 집중하다
fire up (기계 등을) 작동시키다
freaky 〈비격식〉 기이한, 과상망측한
chill 열을 식히다, 긴장을 풀다, 진정하다
smug 우쭐해하는, 의기양양한

❶ **You're the boss.** 네가 결정권자다.
직역하면 '네가 대장이야,' 즉 '네가 최종 결정권자이니 네 마음대로/뜻대로 결정해라'라고 말할 때 쓸 수 있어요.

❷ **Well, what's it gonna be?**
그래, 이제 어떻게 할래?
내가 원하는 것을 상대방이 하지 않으려고 해서 내가 조금 짜증이 나거나 답답할 때 주로 쓰는 표현이에요. 문맥에 따라서 '어떻게 해야 하겠니?'라고 해석할 수 있어요.

JOE   Meow.

Dez regards 22's reverse Mohawk and **gets to work**.

DEZ   Sometimes change is good. You have been **rocking** that same style for a while.

22   Well, Dez, for hundreds of years, I've had no style at all.

PAUL   **You can say that again!**❶

The others start laughing. 22 looks around, **misreading** it.

22   But then my life changed.

DEZ   Oh, yeah? What happened?

22   I was **existing** as a **theoretical construct** in a **hypothetical way-station** between life and death.

FEMALE BARBER   I heard that.

조 야옹.

데즈가 22의 반대 방향으로 된 모호크 머리를 한참 보다가 머리를 자르기 시작한다.

데즈 가끔은 변화를 주는 것도 좋아. 네가 좀 오랫동안 같은 스타일을 고수해 왔으니까.

22 이봐, 데즈, 난 수백 년 동안 아무 스타일도 없었지.

폴 그 말이 정답이네!

다른 사람들이 웃기 시작한다. 22가 주위를 둘러보며 오해한다.

22 하지만 내 인생은 변했어.

데즈 어, 그래? 무슨 일이 있었는데?

22 난 삶과 죽음 사이에 있는 가상적 중간 기착지에서 이론적 구성으로 존재하고 있었어.

여자 이발사 그 얘기 들어봤어.

---

get to work 일하러 가다, 일을 시작하다
rock (옷 스타일 등) 특정 종류의 옷을 입다
misread 잘못 해석하다, 오해하다
exist 존재하다
theoretical 이론의, 이론적인
construct 〈격식〉 (다양한 개념/관념들을 내포한) 생각, 이론
hypothetical 가설의, 가정의, 가상적인
way-station 중간역, 중간 기착지

❶ **You can say that again!**
네 말에 전적으로 동의해! 정말 그렇지!
상대방이 한 말에 대해 전적으로 동의하면서 맞장구를 쳐 줄 때 주로 쓰는 표현이에요. 쉽게 말하면, I agree with you.와 같은 표현이죠. 비슷한 상황에서, Tell me about it! '그러게 말이야! / 내 말이!'도 많이 쓰인답니다.

Dez, the Barber's Dream

이발사 데즈의 꿈

🎧 21.mp3

Later. 22 is relaxed now, happily **sucking on** the lolly as Dez finishes. Everyone in the store has **pulled up a chair**, now listening **intently** to 22's story.

나중에. 데즈가 머리를 마무리하는 동안 22는 막대사탕을 행복하게 빨아 먹으며 편하게 앉아있다. 이발소 안에 있는 사람 모두 22 주변으로 의자를 끌어당기고 앉아 22의 이야기를 경청하고 있다.

<u>22</u>	And **by the time** I got to mentor number 266, I was seriously asking **what is all the fuss about.**❶ Like, **is** all this living really **worth dying for**? You know what I mean?

22 그리고 멘토 266번을 만났을 때, 대체 모두들 왜 이렇게 난리냐며 물었지, 이런 식으로 말이야. 삶이라는 게 뭐 정말 그렇게까지 대단한 거야? 무슨 말인지 알지?

<u>CUSTOMERS</u> Word. Mhmmm.

고객들 알지 그럼. 음흠.

<u>DEZ</u> I never knew you had such an interesting education, Joe. I just thought you went to music school.

데즈 조, 난 자네가 이렇게 흥미로운 배경을 가진 사람인지 전혀 몰랐어. 난 그저 자네가 음악을 전공했다고만 생각했지.

<u>22</u> And another thing… They say you're born to do something, but how do you figure out what that thing is? And what if you pick up the wrong thing. Or somebody else's thing, you know? Then you're **stuck**!

22 그리고 또 말이야… 사람들이 그러잖아 우리에겐 천직이 있다고, 하지만 그 천직이 뭔지를 대체 어떻게 아느냐고? 그리고 만약 잘못된 거나, 아니면 다른 사람의 일을 고르면, 그치? 그러면, 그냥 이도 저도 못하고 갇혀버리는 거잖아!

The others nod in agreement. One of the customers motions to the lolly jar.

다른 사람들이 동의하며 고개를 끄덕인다. 고객 중 한 명이 막대사탕 단지를 가리킨다.

<u>CUSTOMER</u> (whispers) I'll take one of those.

고객 (속삭이며) 저거 하나만 먹을게.

<u>DEZ</u> (chuckels) I wouldn't call myself stuck but I never planned on cuttin' heads for a living.

데즈 (싱긋 웃으며) 나는 갇혀버렸다고는 생각 안 하지만, 그래도 평생 머리를 자르며 먹고 살려고 계획했던 건 아니었어.

---

suck on ~을 빨다, 빨아 먹다
pull up a chair 의자를 앞으로 당기다
intently 골똘하게, 여념 없이, 몰두하여
by the time ~할 때까지(는), ~할 때쯤에
be worth dying for 죽어도 될 만큼 가치가 있다
word 〈비격식〉 (동의) 좋아, 맞아, 그러게 말이야
stuck (~에 빠져) 꼼짝 못 하는, (상황, 장소에) 갇힌

> ❶ **What is all the fuss about?**
> 뭐 때문에 이리 다들 난리야?
> fuss는 '호들갑, 법석, 야단, 난리'라는 의미의 명사로 뭔가 대단한 일이라도 일어난 것처럼 사람들이 소란스러울 때 '왜 이리 야단/호들갑/법석/난리야!'라는 의미로 위의 표현을 관용적으로 많이 쓴답니다.

바로 이장면!*

22	Wait, but... you were born to be a barber. Weren't you?	22	잠깐, 하지만… 자넨 이발사가 천직이잖아. 아니었나?
DEZ	I wanted to be a **veterinarian**.	데즈	난 수의사가 되는 게 꿈이었어.

Joe looks at Dez, surprised by this.

조가 놀란 표정으로 데즈를 본다.

22	So, why didn't you do that?	22	그러면 왜 그걸 안 한 건데?
DEZ	I was planning to. When I got out of the Navy. And then my daughter got sick, and... barber school is a lot cheaper than veterinarian school.	데즈	하려고 했었지. 해군 복무를 마쳤을 때는. 그런데 내 딸이 아팠어… 미용 학교가 수의사 학교보다 훨씬 더 돈이 덜 들었거든.
22	That's too bad. You're stuck as a barber and now you're unhappy.	22	정말 안됐군. 평생 이발사로 일하게 되어서 불행하겠네.
DEZ	Whoah, whoa, **slow your roll** there, Joe. **I'm happy as a clam,**❶ my man. Not everyone can be **Charles Drew** inventing **blood transfusions**.	데즈	워, 워, 그렇게 급하게 결론짓지 말게, 조. 난 엄청 행복해, 이 친구야. 모든 사람이 다 찰스 드류처럼 수혈 기기를 발명할 수 있는 것은 아니잖아.
22	...or me, playing piano with Dorothea Williams. I know.	22	…나 역시도, 도로테아 윌리엄스와 피아노를 칠 수 있는 건 아니지. 나도 알아.

Paul **guffaws sarcastically**.

폴이 비아냥대며 깔깔 크게 웃는다.

PAUL	Haha. You are not all that. Anyone could play in a band if they wanted to.	폴	하하. 네가 그렇게 잘난 인간은 아니니까. 누구나 다 그냥 밴드에서 연주하는 건 할 수 있지.
JOE	(to 22) **Don't pay** Paul **any mind**. People like him just **bring other people down** so they can make themselves feel better.	조	(22에게) 폴은 신경 쓰지 마. 저런 인간들은 자기가 더 나은 사람처럼 느끼려고 다른 사람들을 깎아뭉개는 거니까.

---

veterinarian 수의사

slow one's roll 〈비격식〉 진정하다 (= calm down)

Charles Drew 아프리카계 미국인으로 혈액 저장 분야 저명한 외과 의사이자 의학연구원

blood transfusion 수혈

guffaw 시끄럽게/크게 웃다

sarcastically 비꼬는 투로, 풍자적으로

not pay any mind 무시하다 (= pay no mind)

bring somebody down ~을 패배시키다, 콧대를 꺾다

❶ **I'm happy as a clam.**
난 조개처럼 행복해.
이 표현은 happy as a clam at a high tide
'만조 때 조개만큼 행복하다'에서 유래했어요.
조개는 바닷물이 빠지는 썰물/간조 'low tide'
때 사람들에게 잡힐까 봐 불안해야 하지만,
물이 밀려드는 밀물/만조 'high tide' 때는
사람들에게 잡힐 걱정이 없으니까 행복하다는
거라네요.

<u>22</u>	Oh, I get it. He's just **criticizing** me to **cover up** the pain of his own failed dreams.	22	오, 알겠다. 그저 자신의 못 이룬 꿈에 대한 괴로움을 감추려고 나를 깎아내리는 거구나.

The others **erupt** with a **collective** "Dang!" Everyone in the shop laughs at 22's **inadvertent**, **razor-sharp comeback**. **Humbled**, Paul sniffs **on his way out**:

다른 사람들이 모두 한꺼번에 "헉" 하고 놀란다. 22가 무심코 내뱉은 면도날처럼 날카로운 반격에 이발소 안의 사람들이 웃는다. 굴욕감을 느끼며, 폴이 코를 벌름거리며 밖으로 나간다:

<u>PAUL</u>	You **cut deep**, Joe…	폴	정말 잔인하군, 조…
<u>22</u>	I wonder why sitting in this chair makes me want to tell you things, Dez.	22	왜 이 의자에 앉으면 자네에게 이 얘기 저 얘기 다 하고 싶어지는 건지 모르겠네, 데즈.
<u>DEZ</u>	That's the magic of the chair. That's why I love this job. I get to meet interesting **folks** like you. Make them happy…	데즈	그게 바로 이 의자의 마법 같은 힘이야. 그것 때문에 난 이 일을 사랑하지. 자네 같은 재미있는 사람들을 만나게 되니까 말이야. 그들을 행복하게 해 주고…

Dez picks up a small **hand mirror** and shows 22 his work.

데즈가 작은 손거울을 들어 22에게 머리 자른 모습을 보여 준다.

<u>DEZ</u>	And make them handsome.	데즈	그리고 멋쟁이로 만들어 주지.

22 looks at the excellent cut in the mirror and smiles. Joe is impressed.

22가 거울에 비친 훌륭한 헤어컷을 보고 미소 짓는다. 조가 감동한다.

<u>22</u>	Wow! Am I crazy or do I look younger?	22	우왜! 내가 정신이 살짝 이상해진 건가 아니면 정말 내가 더 젊어 보이는 건가?
<u>DEZ</u>	I may not have invented blood transfusions, but I am **most definitely** saving lives.	데즈	내가 수혈 기기를 발명 못했을지 몰라도 확실히 남들 인생을 구하고는 있지.

EXT. BARBER SHOP – DAY
Dez **shows 22 and Joe out**.

외부. 이발소 – 낮
데즈가 22와 조를 출구 쪽으로 안내한다.

<u>DEZ</u>	I don't know about this crazy cat guy thing man, but it is nice to finally talk to you about something other than jazz, Joe.	데즈	이 미친 고양이 어쩌고 하는 남자에 대해서는 잘 모르겠지만, 어찌 됐든 자네와 재즈 이외의 다른 이야기도 나눌 수 있게 되니 참 좋네, 조.
<u>22</u>	Huh. **How come** we, uh, never talked about your life before?	22	허. 근데 우리 어째서 자네 인생에 대한 이야기는 나눈 적이 없는 거지?

---

criticize 비판/비난하다
cover up (실수, 범행 등을) 숨기다/은폐하다
erupt (강한 감정을) 터뜨리다/폭발하다
collective 집단의, 단체의
inadvertent 고의가 아닌, 우연의, 무심코
razor-sharp 극도로 날카로운, 지극히 예리한
comeback 〈비격식〉 (비판에 대한) 재빠른 응수
humbled 굴욕을 받고

on one's way out 밖으로 나가는 중에
cut deep 깊이 베다
folks 〈비격식〉 (일반적인) 사람들
hand mirror 손거울
most definitely (강조) 분명히, 확실히, 틀림없이
show someone out (나가는 길까지) 배웅하다
how come 어째서/왜?

DEZ   You never asked. But I'm glad you did this time.

데즈 자네가 한 번도 물어본 적이 없었으니까. 근데 이렇게 물어봐 주니 참 좋네.

The other customers call out:

다른 고객들이 외친다:

CUSTOMERS Looking good, brother. Have a great show!

고객들 맵시가 나는데, 친구. 공연 잘하길 빌게!

Dez heads back inside. 22 pulls out **a handful of** lollipops showing them proudly to Joe.

데즈가 다시 이발소 안으로 들어간다. 22가 손 한 가득 막대사탕을 꺼내어 조에게 자랑스럽게 보여준다.

22   I grabbed a couple **road lollies**.

22 공짜로 주는 사탕 몇 개 집어 왔어.

22 pops one into her mouth and walks off. Joe follows, impressed with how 22 handled it all.

22이 입 안에 하나를 집어넣고 걸어간다. 22가 이 모든 상황에 대처한 모습에 감탄하며 조가 뒤를 따른다.

INT. HOSPITAL – JOE'S ROOM
Inside Joe's former hospital room, a Heart Monitor beeps, suddenly **flatlines** – then becomes Terry. Terry leaps from the monitor and looks around the room for **clues**. Terry examines Joe's empty hospital bed, **ducking out of sight** just as a Doctor enters the room.

내부. 병원 – 조의 병실
조가 전에 있던 병실 안. 심장 모니터가 삐삐 울리다가 갑자기 작동을 멈춘다 – 그러더니 테리로 변한다. 테리가 모니터에서 뛰어올라 단서를 찾으려고 병실을 두리번거린다. 테리가 조의 비어있는 침대를 살피다가 의사가 들어오자 몸을 숨긴다.

EXT. NEW YORK – DOOR STOOP – DAY
Terry moves, **snake-like**, up to the **sunken alcove** where 22 had been hiding earlier. Terry examines the spot where 22 had been sitting.

외부. 뉴욕 – 현관 입구 계단 – 낮
테리가 뱀처럼 움직이며 22가 조금 아까 숨었던 움푹 파인 벽감 쪽으로 간다. 22가 있었던 곳을 테리가 유심히 살핀다.

INT. JOE'S APARTMENT
Terry **slitters** among Joe's things, over his album collection and onto his piano, searching.

내부. 조의 아파트
테리는 조의 물건들, 그의 음반 소장품과 피아노 위를 가늘고 길게 옮겨 다니며 탐색 중이다.

EXT. NEIGHBORHOOD **BODEGA** – DAY
Paul comes out of the small grocery store near the barber shop. He opens a bag of chips, still **stung by** 22's **insult**:

외부. 동네 식품 잡화점 – 낮
폴이 이발소 근처에 있는 작은 식료품 가게에서 나온다. 그가 여전히 22의 모욕적 발언에 기분 상해하며 칩 과자 봉지를 뜯는다.

PAUL   (muttering to himself) You know, **Julia Child** didn't succeed till she was 49.

폴 (혼자 투덜대며) 줄리아 차일드도 마흔아홉 살 될 때까지 성공하지 못했다고.

22 and Joe approach. 22 hold out a lolly as **a peace offering**:

22와 조가 다가온다. 22가 화해의 선물로 사탕을 내민다:

---

a handful of 한 줌/움큼의

road lolly 고속도로 주유소 같은 곳에서 싼 가격에 낱개로 사는 막대사탕 (road candy)

flatline 심장 박동계의 신호가 일직선이 되다, 죽다

clue (범행의) 단서, (문제 해결의) 실마리/증거

duck (머리나 몸을) 휙/쏙 수그리다

out of sight 보이지 않는 곳에, 먼 곳에

snake-like 뱀 같은, 뱀 비슷한

sunken 침몰한, 움푹 들어간, 퀭한, 가라앉은

alcove (벽면 우묵하게 들어간 공간) 벽감

slitter 가늘고 길게 자르다 (slit)

bodega (남미계 미국인 사이의) 식품 잡화점

be stung by (벌, 모기, 해파리 따위에) 쏘이다

insult 모욕(적인 말이나 행동)

Julia Child 미국의 저명한 요리전문가

a peace offering 화해의 선물

22	Hey, Paul! Here, have a lollipop.	22	이봐, 폴! 여기, 막대사탕 하나 먹게.
PAUL	Oh. Thanks, man.	폴	오, 고맙네, 친구.

Across the street – Terry spots 22 as she comes out of a **crosswalk** light.

길 건너편에서 – 테리가 신호등에서 나오며 22를 발견한다.

TERRY	There you are!	테리	저기 있군!

Terry jumps down and **snakes** around the corner. The accountant draws a portal in the ground, like a lion **trap**.

테리가 뛰어내려 뱀처럼 꿈틀꿈틀 모퉁이를 돌아 간다. 회계사 테리가 마치 사자 함정처럼, 바닥에 관문 하나를 그린다.

As 22 finishes **making amends** with Paul, Terry **readies** the trap:

22가 폴과 화해를 끝내자, 테리는 함정을 준비한다!

TERRY	Come to Terry!	테리	테리한테 오라구!

A body falls into the trap. Terry follows, jumping in.

몸 하나가 함정에 빠진다. 테리가 안으로 뛰어들며 그 뒤를 따른다.

TERRY	**Gotcha!**	테리	잡았다!

INT. LIMBO
Surrounded by the **eerie** darkness of Limbo, Terry **lets "Joe" have it**:

내부, 림보
림보(지옥 변방)의 으스스한 어둠에 둘러싸여 테리 가 조에게 분풀이를 한다:

TERRY	Thought you could cheat the universe?! Well, you thought wrong! I'm the Accountant, and I'm here to **bring you in**!	테리	네가 우주를 속일 수 있을 줄 알았나?! 그건 완전 잘못 생각한 거야! 내가 바로 그 유명한 회계 사야, 널 잡으러 왔다고!

Terry pulls the soul from the body. But it's not Joe. It's Paul!

테리가 몸에서 영혼을 꺼낸다. 그런데 조가 아니 다. 폴이다!

TERRY	Oh, ooh! You're not Joe Gardner. Haha! My mistake.	테리	오, 우! 넌 조 가드너가 아니잖아. 하하! 내 실수.

Paul is **petrified**.

폴은 겁에 질렸다.

TERRY	We'll just get you back into your **meat suit**.	테리	너의 살덩이로 다시 돌아가게 해 줄게.

Terry **shoves** Paul's soul back into his body and tosses him back up.

테리가 폴의 영혼을 그의 몸속으로 다시 밀어 넣 고 다시 위로 던져 버린다.

---

crosswalk 횡단보도
snake (뱀처럼) 꿈틀꿈틀 움직이다. 구불구불 가다
trap 덫, 올가미
make amends 보상/보충해 주다, 화해하다
ready 준비/대비시키다
gotcha (비격식) 잡았다. 알았어 (= I've got you.)
eerie 괴상한, 으스스한
let somebody have it ~에게 공격을 가하다

bring somebody in ~을 연행하다
petrify 겁에 질리게 만들다
meat suit (비격식) 사람의 몸(살)을 지칭
shove (거칠게) 밀치다/떠밀다

No Such Thing as Jazzing

세상에 없는 말, 재즈하는 것

🎧 22.mp3

EXT. NEW YORK STREET CORNER – DAY
Paul emerges through the portal, back onto the street. He's shivering, **clutching** his bag of chips, horrified. Terry tries to make things right:

외부, 뉴욕 길모퉁이 – 낮
폴이 관문을 뚫고 다시 거리 위에 나타난다. 그가 겁에 질려 칩 과자 봉지를 움켜잡고 부들부들 떨고 있다. 테리가 사태를 수습하려고 한다:

바로 이장면!*

TERRY **There ya go.❶ No harm, no foul.❷**

테리 자 이제 됐네. 뭐 큰 피해는 없었으니, 반칙은 아니지.

But Paul is **trembling** and **stammering**.

하지만 폴은 사시나무 떨듯 몸을 떨며 말을 더듬는다.

TERRY Oh, boy.

테리 오, 이런.

Terry puts an arm around him.

테리가 그의 어깨를 팔로 감싼다.

TERRY Look, **fella**. I'm thinking there's no reason we can't keep this little incident between us, eh? Mistakes happen. And uh, it's not your time. Unless you keep eating those **processed** foods, am I right? Ha!

테리 이봐, 친구. 이 일은 우리끼리만 알고 있는 걸로 할 수 없는 건 아니겠지, 응? 실수할 수도 있는 거잖아. 그리고, 아직 네 때가 아니야. 네가 그 가공식품들을 계속 먹지만 않는다면 말이야, 그치? 해!

Terry vanishes. Paul looks around **fearfully**. Suddenly, Terry's **stern face** appears in his bag of chips.

테리가 사라진다. 폴이 두려운 표정으로 주변을 둘러본다. 갑자기 테리의 근엄한 얼굴이 과자 봉지 속에서 나타난다.

TERRY But seriously, stay away from those processed foods.

테리 근데 진짜로, 그 가공식품들을 멀리하라구.

Paul screams and throws the bag, running away.

폴이 비명을 지르고 과자 봉지를 던지며 도망간다.

EXT. NEW YORK SIDEWALK – DAY
22 and Joe keep walking. 22 happily **sucks on** a lollipop as they talk.

외부, 뉴욕 인도 – 낮
22와 조가 계속 걷는다. 22가 이야기를 나누며 행복하게 막대사탕을 빨아 먹는다.

---

clutch 꽉 움켜잡다
tremble (몸을) 떨다, 떨리다
stammer 말을 더듬다
fella (비격식) 친구, 남자
processed 가공한
fearfully 무서워하며, 걱정스럽게
stern face 근엄한 얼굴
suck on ~을 빨다, 빨아 먹다

❶ **There you go!** 자 이제 됐네.
누군가에게 뭔가 가르치며 '잘 했어!', '그래, 바로 그거야!'라며 칭찬하는 표현으로 쓰여요. 상대방이 요청한/원하는 것을 주면서 '자, 이제 됐지?' 할 때도 유용하게 쓰여요.

❷ **No harm, no foul.**
(별 피해 없으니) 잘 해결된 거다.
harm은 '피해/손해'이고 foul은 '파울/반칙'이라는 뜻으로, '손해가 없으니 반칙도 아니다'라는 의미이지요. 상대방의 실수(사과)에 대해 '괜찮다'는 대답으로 쓸 수 있어요.

JOE You know what, you did all right back there. How did you know how to deal with Paul?

조 근데 말이지, 너 아까 괜찮더라. 폴에게 대처하는 방법을 어떻게 안거야?

22 I didn't. I just **let out** the Me. Hey, like you said about jazz! I was jazzing!

22 몰랐어. 난 그저 나를 분출했을 뿐이야. 어, 네가 재즈에 대해 말했던 것처럼! 내가 재즈힌거지!

JOE First of all, "jazzing" is not a word. And second, music and life **operate** by very different rules.

조 먼저, '재즈하다'라는 단어는 없어. 그리고 두 번째, 음악과 인생은 다른 규칙으로 작용해.

---

22 looks at a **flyer** on a **pole**, about to pull off one of the **contact slips**.

22가 기둥에 붙어 있는 전단지를 보다가 연락처 용지 하나를 떼어 내려고 한다.

22 It says take one!

22 한 장 가져가래!

JOE Don't—

조 안 돼—

But 22 takes more than one.

하지만 22가 한 장 이상을 가져간다.

JOE Or do. Okay fine.

조 아니면 그러든지. 그래 괜찮아.

22 reads it.

22가 전단을 읽는다.

22 Man with a **Van**. I got a few, **in case** we need a lot of vans.

22 밴이 있는 남자. 몇 장 챙겼어. 밴이 많이 필요할 때를 대비해서.

Joe **rolls his eyes**.

조가 눈을 굴린다.

JOE Uh huh. Now, let's get back to the plan. We go the Half Note and wait there for Moonwind. It's around 4 PM now…

조 그래 그래. 이제 원래 계획으로 돌아가자. 하프노트로 가서 문윈드를 기다리는 거야. 지금 오후 4시 정도니까…

But he sees 22 laughing, playing with the **reflection** in a window.

22가 창문에 비친 자기 모습을 보며 장난하며 웃고 있는 것을 조가 본다.

JOE You know what, you are really getting **good at** using those legs. Why don't you try running?

조 근데 있잖아, 너 이제 그 다리들을 아주 잘 쓰는 것 같구나. 한번 뛰어 보는 건 어때?

---

let somebody out (얽매임에서) 풀어 주다, 해방시키다
operate 작동되다, 가동하다
flyer (광고, 안내용) 전단
pole 막대기, 장대, 기둥
contact 연락, 접촉
slip 종잇조각, 메모 용지, 전표, 표
van 승합차
(just) in case ~할 경우에 대비해서

roll one's eyes 눈(알)을 굴리다
reflection (거울 등에 비친) 상/모습
good at ~을 잘하는

119

22's hands **run** along a **metal fence**, making music.

22　　Hey! I made a song! I'm jazzing!

JOE　　Okay, enough of the jazzing and everything like that. We need to get somewhere. Now I suggest that—

But 22 stops over a subway **grate**. The **blast** of air from below **whooshes** up.

22　　Woohoo! Ha ha!

JOE　　What are you doing?

22　　That **tickles**!

22 **lies on her stomach** on the grate, letting the wind **ruffle** the suit.

22　　Hoooooohohohohohooo!

22's hat **blows** off and flies down the street.

22　　**Whoops**. I got it.

22 runs over to the hat, **bends** over to pick it up. But stops, unable to bend out any more.

JOE　　Would you hurry up!?

22　　Okay.

22 **forces it**. **Rip**!

22　　(smiling) You were right! These pants are loosening!

22의 손이 금속 울타리 위를 훑고 내려가면서 음악을 만들어 낸다.	

22　이봐! 내가 노래를 만들었어! 재즈하고 있다고!

조　알았으니 이제 재즈한다느니 뭐니 그런 소리 좀 그만해. 우린 어딘가 가야 한다고. 자, 내 제안은—

하지만 22가 지하철 환풍구 위에 멈춰 선다. 아래에서 공기가 훅 올라온다.

22　우후! 하하!

조　뭐 하는 거야?

22　간지러워!

22가 환풍구 위에 엎드려서 바람이 양복을 주름지게 한다.

22　호오오오오호호호호!

22의 모자가 벗겨지며 거리 아래쪽으로 날아간다.

22　아이쿠. 내가 찾아올게.

22가 모자 쪽으로 뛰어가서 그것을 집어 들려고 허리를 굽힌다. 하지만 멈춘다. 더 굽힐 수 없다.

조　좀 서둘러 줄래!?

22　응.

22가 무리해서 움직인다. 부욱!

22　(미소 지으며) 네 말이 맞아! 이 바지가 느슨해지고 있어!

---

run (어떤 방향으로 재빨리) 움직이다/달리다

metal fence 금속/철제 울타리

grate 쇠살대, 강판, (창문 등의) 쇠격자

blast (물, 공기 등을) 확 뿌리다/끼치다

whoosh 〈비격식〉 (빠르게) 휙/쉭 하고 지나가다

tickle 간질이다, 간질간질하다

lie on one's stomach 엎드리다

ruffle (반반한 표면을) 헝클다

blow 바람에 날리다, 흩날리다

whoops 〈감탄사〉 아이고, 어머나, 이크

bend 굽히다, 숙이다 (bend over: 몸을 앞으로 숙이다, bend out: 몸을 숙이며 뺀다)

force 억지로/무리하게 하다, ~을 강요하다

rip (갑자기, 거칠게) 찢다/찢어지다

But **pedestrians** behind 22 look at the pants in shock. A **bike messenger** laughs. Joe screams:

JOE   Aaaaahhh!

He runs over and looks at 22's **rear**, his **polka dot** underwear **hangs** out. Joe tries to cover it up.

JOE   Oh, no, no, no, don't let people see your **butt**!

22   It's your butt.

JOE   It doesn't matter whose butt! **Take off** the jacket! **Tie** it around your waist! Quick! Cover the butt!

22 does.

JOE   Oh! What are we gonna do!? Can't find a **tailor** this late!

A **thought** hits him. A bad thought:

JOE   (**dread**) Oh, no. We're gonna have to go to mom's.

22   Okay!

JOE   No, you don't understand! Mom doesn't know about this gig. And she's not gonna like it.

22   Okay.

JOE   But we don't have any other choice!

22   Okay.

JOE   She's the only one that can fix this!

22의 뒤에 있던 행인들이 경악하며 바지를 본다. 자전거 배달원이 웃는다. 조가 비명을 지른다:

조 아아아아아!

조가 달려가 22의 엉덩이를 본다. 그의 물방울무늬 팬티가 밖으로 나와 있다. 조가 가리려고 한다.

조 오, 안 돼, 안 돼, 안 돼, 사람들이 네 엉덩이를 보게 하지 마!

22 네 엉덩이잖아.

조 누구의 엉덩이건 그건 상관없어! 재킷을 벗어 허리에 둘러매! 어서! 엉덩이를 가리라고!

22가 그렇게 한다.

조 오! 이제 어쩌지!? 이 늦은 시각에 재단사를 찾아갈 수도 없는데!

그에게 불현듯 생각이 떠오른다. 안 좋은 생각이다:

조 (끔찍해하며) 아, 안 돼. 엄마 가게로 가야 할 것 같아.

22 응!

조 아냐, 넌 이해 못해! 엄마가 이 공연에 대해서 모르신다고. 그리고 알면 안 좋아하실 거야.

22 응.

조 그렇지만 우리에겐 달리 선택권이 없잖아!

22 응.

조 이걸 고칠 수 있는 사람은 엄마밖에 없다고!

---

pedestrian 보행자

bike messenger 교통이 혼잡한 도시에서 자전거를 타고 서류 등을 배달하는 사람

rear 〈비격식〉 궁둥이, 엉덩이

polka dot 물방울무늬

hang 걸다, 매달다, (느슨하게) 내려오다/처지다

butt 〈비격식〉 엉덩이

take something off (옷 등을) 벗다/벗기다

tie (끈 등으로) 묶다

tailor (남성복) 재단사

thought 생각

dread 몹시 무서워하다, 두려워하다

22	Okay!	22 응!

JOE Stop saying okay! We gotta catch the subway across town. Come on.

조 응응 좀 그만해! 저쪽 동네로 가서 지하철을 타야 해. 어서 가자.

22 Oook—(stops herself) Got it.

22 으응—(자제하며) 알았어.

INT. SUBWAY STATION PLATFORM
22 eats a bagel while carrying Joe down onto a subway station platform.

내부. 지하철역 플랫폼
22가 조를 어깨에 얹은 채 베이글을 먹으며 지하철역 플랫폼으로 내려온다.

JOE My mom doesn't know about the gig, and I want to keep it that way, okay?

조 엄마는 이 공연에 대해서 몰라. 그러니까 그냥 이대로 모르시게 하자고, 알았지?

22 Right, because she thinks you're a **failure**.

22 그래. 그녀는 네가 실패작이라고 생각하시니까.

JOE What?!

조 뭐라고?!

22 I didn't say that! YOU did. Up here.

22 내가 그렇게 말한 거 아니야! 네가 그렇게 말했잖아. 이 위에서.

22 points to Joe's head.

22가 조의 머리를 가리킨다.

JOE Look, my mom has her own **definition** of what success is and being a **professional** musician isn't it.

조 봐봐, 우리 엄마는 성공에 대한 그녀 나름의 정의를 가지고 계신데 프로 뮤지션은 그녀 생각에는 성공이 아닌 거지.

Joe jumps to the ground and starts **pacing**, **thinking** this **through**.

조가 바닥으로 내려가서 초조하게 왔다 갔다 하며 어떻게 해야 할지 곱씹는다.

JOE (muttering to self) So, **lemme** see... I need the suit fixed for a school band **recital**. Ugh, I'm not **looking forward to** this. But there's no reason she needs to know.

조 (혼잣말로) 그러니까 잘 생각해 보자… 학교 밴드 발표회가 있어서 이 양복을 수선해야 한다. 으그, 나도 이렇게 하고 싶은 마음은 없어. 하지만 엄마가 꼭 알아야만 하는 건 아니니까.

---

failure 실패, 실패자, 실패작

definition 정의, 의미

professional 전문적인, 직업의

pace (초조해서/화가 나서) 서성거리다

think ~ through 충분히 ~을 생각하다

lemme 〈비격식〉 let me를 소리 나는 대로 표기한 것

recital 발표회, 연주회

ugh 욱, 윽, 웩, 으 (역겨움, 불쾌감, 짜증)

look forward to ~을 기대하다, 즐거운 마음으로 기다리다

Every Day the Same Thing

매일 똑같은 일상

🎧 23.mp3

Meanwhile, 22 notices a **Busker** playing his guitar and singing, guitar case open to receive **loose change**. **Intrigued**, 22 approaches. Joe still **stews**:

그러는 동안, 한 버스커가 기타를 치며 노래를 부르고 있고, 동전을 받기 위해 기타 케이스가 열려 있는 것을 22가 주목한다. 흥미롭다고 여긴 22가 다가간다. 조는 여전히 마음을 졸이고 있다.

바로 이장면!

JOE   All the times I've been so close to getting to my dreams... something always **gets in the way**. You know what I mean?

조 내 꿈을 거의 이루게 된 순간이 올 때마다 늘… 뭔가가 항상 가로막더라고. 무슨 말인지 알지?

Joe spots 22, **drawn to** the music. He walks over.

조가 음악에 푹 빠진 22를 발견한다. 그가 다가간다.

22   He's good. I've heard music before. But I've never felt like this inside.

22 잘하네. 나도 전에 음악을 들어봤지. 하지만 마음에서 이런 기분이 느껴진 적은 없었어.

JOE   Of course you love music now. Because you're ME. Let's go. Let's go!

조 당연히 지금은 네가 음악을 사랑하겠지. 왜냐하면 네가 나니까. 빨리 가자. 가자고!

It **makes sense**, yet doesn't feel right.

말은 되는데, 그래도 뭔가 석연치 않다.

JOE   Let's go!

조 어서 가자!

22 watches a **Passerby** toss change into the busker's guitar case. Inspired, 22 **breaks** her bagel **in half** and drops it in, too. As 22 walks away, the busker looks at the bagel, slightly **annoyed**. Joe and 22 walk onto the train.

22가 버스커의 기타 케이스에 동전을 던지는 행인을 본다. 자극을 받은 22가 자신의 베이글을 반으로 잘라서 기타 케이스에 떨어뜨려 넣는다. 22가 떠날 때, 버스커가 베이글을 쳐다본다. 약간 짜증난 표정으로. 조와 22가 지하철에 오른다.

INT. SUBWAY TRAIN
Joe finds a seat and sits, like a person – on his butt, cat-feet **outstretched**. He folds his paws across his cat-chest and **settles in** for the ride like any **New Yorker**. A New Yorker next to him looks at this, decides to **scoot over**, not wanting any part of this **weirdness**.

내부, 지하철
조가 좌석을 찾아서 마치 사람처럼 앉는다 – 엉덩이로, 고양이 발은 양쪽으로 벌리고. 자기 가슴 위로 팔짱을 끼고 평범한 뉴요커처럼 편하게 앉는다. 그의 옆에 있던 뉴요커가 그것을 보고 이 이상한 상황에 엮이고 싶지 않은 듯 옆자리로 비켜 앉는다.

---

meanwhile (다른 일이 일어나는) 그동안에, 한편

busker 거리의 악사/배우

loose change (주머니/가방 속에 돌아다니는) 동전

intrigued 아주 흥미로워/궁금해하는

stew 애타다, 마음 졸이다

get in the way 방해되다

drawn to ~에 마음이 끌린

make sense 타당하다, 말이 되다, 이해가 되다

passerby 행인

break in half 반 토막으로 부러지다, 두 동강 나다

annoyed 짜증이 난

outstretch 펴다, 뻗다, 확장하다

settle in 자리 잡다, 정착하다, 좌석을 잡다

New Yorker 뉴욕 시민, 뉴요커

scoot over 자리를 좁혀 앉다

weirdness 괴상함, 기묘함

22 remains standing as the doors close. The train starts moving. 22 **stumbles**.

22	Whoah! Ahh!

문이 닫히는데 22는 계속 서 있다. 지하철이 움직이기 시작한다. 22가 비틀거린다.

22 워아! 아아!

As the train moves, 22 has fun "surfing" it like a wave.

22	Woahahaho! Ha ha!

지하철이 움직이자, 22가 마치 파도를 타듯이 서핑을 즐긴다.

22 워하하호! 하하!

22 **bumps into** a **Commuter**.

22가 승객에게 부딪친다.

COMMUTER Hey! **Take it easy**, eh?

승객 이봐요! 좀 진정하시죠, 네?

22 I'm sorry!

22 죄송해요!

22 quickly sits next to Joe, feeling **self-conscious**.

22가 눈치를 보며 재빨리 조 옆에 앉는다.

JOE Don't worry about it. It's the subway. It does that to some people.

조 걱정 마. 지하철이라서 그래. 지하철이 사람들을 저렇게 만들어.

22 Does what?

22 저렇게 만든다니?

JOE It **wears** you **down**. It **stinks**. It's hot. It's **crowded**. Every day the same thing, **day in and day out**. (to self) But once I get on that stage tonight, all my troubles are going to be fixed. You're gonna see a **brand new** Joe Gardner.

조 사람들을 지치게 만들지. 고약한 냄새도 나고, 덥고, 사람도 많고, 매일 똑같은 일상, 하루도 빠짐없이. (스스로에게) 하지만 오늘 밤에 그 무대에 서기만 하면, 내 모든 문제가 해결될 거야. 완전 새로운 조 가드너를 보게 될 거라고.

Joe hears a **slurping** sound. He turns to see 22 listening to him, but now drinking a **Big Gulp** from a **straw**.

조가 후루룩 소리를 듣는다. 그의 말을 듣고 있는 22를 보려고 고개를 돌리니 빨대로 빅설프를 마시고 있다.

JOE Where'd you get that?

조 그건 어디서 난 거니?

22 Under the seat. Can you believe it? Still **half full**!

22 이 좌석 밑에서. 이게 믿겨져? 아직 반이나 남았다고!

---

stumble 발을 헛디디다, 비틀/휘청거리다

bump into (우연히) ~와 마주치다, 부딪치다

commuter 통근자

Take it easy! (명령형) 진정해라, 적당히 해라

self-conscious 남의 시선을 의식하는

wear down 마모시키다, ~을 악화시키다

stink 악취가 풍기다

crowded (사람들이) 붐비는, 복잡한

day in and day out 연일, 매일 계속해서

brand new 완전 새것인

slurp (마시면서) 후루룩 소리를 내다/마시다

Big Gulp 편의점 7-Eleven에서 파는 대용량 탄산음료

straw 빨대

half full 반쯤 찬

Joe **slaps** it out of her hands.

EXT. LIBBA'S **CUSTOM TAILORING** – DAY
22 and Joe walk up to his mom's **tailoring shop**.

JOE	Alright, remember, I need the suit fixed for a band **recital**. Got it?

22 nods. They enter.

INT. LIBBA'S CUSTOM TAILORING
Melba and Lulu are busy behind **sewing machines**. 22 enters. Joe is on 22's shoulders.

MELBA & LULU	Joey! I'm so proud of you! Baby boy, we heard the news!

But from the back room, they hear a **pointed**:

LIBBA	(O.S.) Ahem!

Melba and Lulu **freeze**.

JOE	Oh, **crap**. She knows!

Melba **gestures, cautiously**:

LULU	Your momma's in the back.
JOE	You gotta go in there.
22	No, I don't want to.
JOE	You have to! We need the suit fixed!

22 gulps and starts walking. As they **pass** Melba:

MELBA	You forgetting something, Joey?

조가 그녀의 손에서 음료를 찰싹 쳐낸다.

외부. 리바의 양장점 – 낮
22와 조가 그의 엄마의 양장점으로 다가간다.

조 자, 기억해. 난 밴드 연주회 때문에 양복을 고쳐야 하는 거야. 알겠지?

22가 고개를 끄덕인다. 그들이 들어간다.

내부. 리바의 양장점
멜바와 룰루가 재봉틀 뒤에서 바쁘게 일하고 있다. 22가 들어간다. 조는 22의 어깨 위에 있다.

멜바와 룰루 조이!! 네가 정말 자랑스럽구나! 우리 아가, 소식 들었단다!

하지만 뒷방에서 들려오는 뾰족한 소리:

리바 (화면 밖) 에헴!

멜바와 룰루가 얼어붙는다.

조 오, 맙소사. 그녀가 알고 있어!

멜바가 조심스럽게 몸짓한다:

룰루 네 엄마는 뒷방에 있어.

조 저 안으로 들어가야 해.

22 아니, 싫어.

조 들어가야 해! 양복을 고쳐야만 한다고!

22가 침을 꿀꺽 삼키고 걷기 시작한다. 멜바 옆을 지나는데:

멜바 뭐 잊어버린 거 없니, 조이?

---

slap (손바닥으로) 철썩 때리다/치다
custom tailoring 맞춤복 재단
tailoring shop 양복점, 양장점
recital 발표회, 연주회
sewing machine 재봉틀
pointed (말 등이) 날카로운/신랄한
freeze 얼다, (두려움 등으로 몸이) 얼어붙다
crap (비격식) 헛소리, 허튼소리, 짜증나!

gesture (손, 머리 등으로) 가리키다, 손짓/몸짓을 하다
cautiously 조심스럽게
pass 지나가다, 통과하다

Melba holds out her cheek, waiting.

멜바가 그녀의 볼을 내밀고 기다린다.

22   What?

22 뭐지?

JOE   Kiss her. I always kiss Melba when I see her.

조 그녀에게 키스해. 난 멜바 아주머니를 만나면 항상 키스한단 말야.

Melba leans her cheek out.

멜바가 그녀의 볼을 내민다.

JOE   Just do it.

조 그냥 하면 돼.

22 looks at Melba's cheek, then grabs her face and goes in, **kissing** her right **on the lips**. The women gasp.

22가 멜바의 볼을 보다가 그녀의 얼굴을 잡고 그녀 입술에 키스한다. 여자들이 헉 하고 놀란다.

JOE   No, no, no! Not on the lips.

조 아니, 아니, 아니! 입술 말고.

LULU   (in horror) Joey! **What has gotten into you,[1] boy?**

룰루 (경악하며) 조이! 너 오늘 뭐 잘못 먹었니?

22 quickly **releases** Melba.

22가 재빨리 멜바를 놔준다.

MELBA   (catching her breath) Let him finish!

멜바 (숨을 고르며) 그가 마무리하게 해 줘!

LULU   **Cougar!** I knew it.

룰루 이 요망한 할망구! 내 그럴 줄 알았어.

22 and Joe walk into the back room as Melba calls after them:

22와 조가 뒷방으로 걸어 들어가는데 멜바가 그들 뒤에서 외친다:

MELBA   I'll take another kiss when you get back, Joey!

멜바 다시 돌아올 때 키스 한 번 더 해 줘, 조이!

Libba's **Alterations** Room – 22 and Joe slowly step in. Libba is **working on** a dress. She's not happy.

리바의 수선실 – 22와 조가 천천히 들어간다. 리바가 드레스를 손보고 있다. 그녀의 기분이 안 좋다.

LIBBA   **So much for being done chasing after gigs,[2]** huh?

리바 공연 일거리 쫓아다니는 것 안 한다더니 참 잘하는 짓거리다. 응?

Libba spots the cat on 22's shoulder.

리바가 22의 어깨 위에 있는 고양이를 본다.

LIBBA   I hope that cat **isn't supposed to** be some kind of peace offering.

리바 저 고양이가 무슨 화해의 선물 같은 건 아니었으면 좋겠구나.

---

kiss on the lips 입술에 키스하다
in horror 오싹하여, 무서워서
release 풀어주다, (잡고 있던 것을) 놓아주다
catch one's breath 호흡을 가다듬다, 숨을 고르다
cougar 퓨마, (비격식) 젊은 남자와의 연애를 원하는 중년 여성
alteration 변화, 개조, 수선, 변경(행위)
work on ~에 노력을 들이다, 착수하다
be supposed to ~하기로 되어 있다, ~할 의무가 있다

❶ What has gotten into you?
너 뭐 잘못 먹었니?
누군가 평상시 모습과 다르게 괴이한 행동을 할 때 '너 오늘 대체 왜 이렇게 이상한 행동을 하니?'라는 의미로 써요.

❷ So much for being done chasing after gigs. 공연 일거리 쫓아다니는 것 안 한다더니 참 잘하는 짓거리다.
So much for ~는 '~는 물 건너갔네', '~한다더니 뭐 결국 이렇게 됐구나'라는 의미입니다. 상대방이 계획했던 일이 잘 안됐을 때 비아냥대는 뉘앙스입니다.

What Joe Thinks About All the Time

조가 항상 생각하는 것

🎧 24.mp3

In the Tailor Shop – Lulu and Melba **press** themselves **against** the door, trying to hear what's going on.		양장점 안 – 룰루와 멜바가 문에 귀를 바짝 대고 무슨 일인지 엿들으려고 한다.

Back to scene: Joe whispers in 22's ear, coaching.

기존 장면으로: 조가 22의 귀에 속삭이며 코칭한다.

JOE   Just say you **rescued** it.

조   그냥 네가 구조한 고양이라고 해.

22   (to Libba) Um, no. It's mine. I rescued it.

22   (리바에게) 엄, 아니에요. 제 거예요. 제가 구조한 거예요.

LIBBA   Hm, **Too bad you can't rescue your career.❶**

리바   흠, 네 이력은 구조를 못하니 참 안타깝구나.

Joe **sighs**.

조가 한숨을 쉰다.

JOE   Just ask her nicely if she can fix my suit.

조   그냥 내 양복 고쳐 주실 수 있는지 상냥하게 물어봐.

22   So, Mom… is there any way you can fix this?

22   그런데, 엄마… 이거 혹시 고쳐 주실 수 있나요?

22 removes the jacket and reveals the large **tear** and polka-dot underwear to Libba.

22가 재킷을 치우며 찢어진 부분과 밖으로 삐져나온 물방울 팬티를 리바에게 보여 준다.

LIBBA   Whoa! I don't need to see that!

리바   웨 그런 건 안 보여 줘도 된다!

22   I know. **Embarrassing**, right? So, you'll fix it?

22   맞아요. 창피하죠, 그죠? 그러니까 고쳐 주실 거죠?

LIBBA   No.

리바   아니.

JOE & 22   What?

조와 22   뭐라고요?

LIBBA   How long are you going to keep doing this, Joey? You tell me you're going to accept the full-time position…

리바   너 언제까지 계속 이럴 거니, 조이? 정규직을 받아들이겠다고 말만 하고…

---

press against ~에 밀어붙이다

rescue 구조/구출/구제하다

career 직장 생활, 경력

sigh 한숨을 쉬다, 한숨짓다

tear 찢어진 곳/데, 구멍

embarrassing 쑥스러운, 창피한, 당혹스러운

❶ **Too bad you can't rescue your career.** 네 이력은 구조를 못하니 참 안타깝구나. 보통 That's/It's too bad.라고 많이 쓰는데, 위 문장은 Too bad가 문장 앞에 와서 〈Too bad + 주어 + 동사〉 '~가 …하는 것이 너무 안됐네/안디깝네'라고 쓸 수 있어요. 이력을 구조한다는 표현이 어색할 수 있는데, 앞서 고양이를 구조했다는 말에 이은 일종의 말장난으로 보면 되겠어요.

JOE	**Here it comes.** ❶	조 또 시작이시네.
<u>LIBBA</u>	Then instead I hear you've **taken on** another gig.	리바 다른 데서 공연 알바한다는 소식이나 듣게 하고 말이야.
JOE	Tell her that this one's different!	조 이번에는 다르다고 말씀드려!
<u>22</u>	This one's different!	22 이번에는 달라요!
<u>LIBBA</u>	Does this "gig" have a pension? **Health insurance**? No? Then, it's the same as the other ones. It's like you can't even be **truthful** with me anymore!	리바 이 '알바'하면 연금이 나온다니? 건강 보험 은? 안 나오지? 그러면, 이것도 다른 것들 하고 똑 같은 거야. 이젠 이 애미한테도 진실하게 얘기를 못하는구나!
JOE	Fine, we'll get the suit off the **rack** somewhere. My mom has never understood what I'm trying to do with my life.	조 됐어. 그냥 다른데 가서 하나 사자고. 우리 엄 마는 내가 하려는 일을 한 번도 이해한 적이 없다 니까.
<u>22</u>	(repeating, to Libba) Fine, we'll get a suit off the rack somewhere. My mom has never understood what I'm trying to do with my life.	22 (반복한다. 리바에게) 됐어. 그냥 다른데 가서 하나 사자고. 우리 엄마는 내가 하려는 일을 한 번 도 이해한 적이 없다니까.
JOE	22!	조 22!
<u>LIBBA</u>	What did you just say?!?	리바 너 지금 방금 뭐라고 했니?!?
<u>22</u>	(to Joe) Can I run away now, like you usually do?	22 (조에게) 나 이제 도망쳐도 될까, 네가 늘 그랬 던 것처럼?

Mom stares, waiting for a **response** from Joe. Joe considers his options.

조가 대답하기를 기다리며 엄마가 계속 주시한다. 조가 어떤 선택을 해야 할지 고민 중이다.

JOE	No. Not this time. Repeat after me.	조 아니. 이번에 아니야. 내가 말하는 대로 따라 해.

Joe whispers into 22's ear. We **shift** to Libba's POV – to hear Joe talk to his mom in his own voice:

조가 22의 귀에 대고 속삭인다. 우리는 리바의 시 점으로 옮겨간다 – 조가 그의 엄마에게 자기 목 소리로 말하는 것을 듣기 위해:

JOE	Mom, I know we've had some **rough times**. But you're right. I can't be truthful with you. Because no matter what I do, you **disapprove**.	조 엄마, 우리가 좀 껄끄러운 관계였다는 건 저도 알아요. 하지만 엄마 말이 맞아요. 저는 엄마께 진 실하게 대할 수기 없어요. 왜냐하면 제가 뭘 하건 간에 무조건 반대하시니까요.

---

take something/-body on (일 등을) 맡다, (책임을) 지다

health insurance 건강보험

truthful 정직한, 진실한

rack (모자, 신발, 옷 등의) ~걸이, 선반, ~대

response 대답, 응답, 회신

shift 이동하다/되다, 자세를 바꾸다, 바뀌다

rough time 힘든 시기, 골치 아픈 시기

disapprove 못마땅하다, 탐탁지 않아 하다

❶ **Here it comes.**
또 시작이시네.
누군가가 방귀나 트림 같은 생리현상 같은 것을 내뿜을 조짐을 보일 때, 주변 사람들에게 경고하듯이 '조심해, (방위/트림) 나온다!'와 같은 의미로 쓰는 표현이에요. 위의 상황처럼 잔소리를 퍼붓기 직전에 '또 시작이네'와 같은 뉘앙스로 쓰는 경우도 많아요.

LIBBA	Look, I know you love playing…
JOE	Then, how come **except for** church, you're happiest when I don't? I finally **land** the gig of my life and you're upset.

리바 얘야, 나도 네가 연주하는 걸 정말 좋아하는 건 알아…

조 그러면, 왜 교회에서 하는 것만 제외하고, 제가 연주하지 않을 때 엄마는 가장 행복해하시죠? 내가 드디어 내 인생 최고의 공연 일자리를 얻게 되었는데 엄마는 속상해하시잖아요.

바로 이장면!*

LIBBA	You didn't see how **tough** being a musician was on your father. I don't want to see you **struggle** like that!
JOE	So, Dad can **pursue** his dreams, and I can't?
LIBBA	Your father had me. **Most times** this shop was what **paid the bills**. So, when I'm gone, who's gonna pay yours?
JOE	Music is all I think about. From the moment I wake up in the morning to the moment I **fall asleep** at night.
LIBBA	You can't eat dreams for breakfast, Joey.
JOE	Then, I don't want to eat! This isn't about my career, Mom. It's my reason for living. And I know Dad felt the same way.

Libba thinks about this.

JOE	And… I'm just afraid that if I died today, that my life would've **amounted to** nothing.

리바 너는 네 아빠가 뮤지션으로 살면서 얼마나 고생을 했는지 못 봤지. 난 네가 그렇게 힘들게 사는 것을 보고 싶지 않단다!

조 그러니까 아빠는 자신의 꿈을 좇아 살아도 되고, 저는 안 된다는 건가요?

리바 네 아빠에게는 나도 있었지. 그나마 이 가게가 있어서 평생 입에 풀칠이라도 하고 산 거야. 그러니 내가 죽으면 누가 널 먹여 살리겠니?

조 난 온종일 생각하는 게 음악밖에 없다고요. 아침에 눈뜨는 순간부터 밤에 잠드는 순간까지.

리바 꿈이 밥 먹여 주는 건 아니잖니, 조이.

조 그러면, 저는 아무것도 먹고 싶지 않아요! 이건 제 진로에 관한 문제가 아니에요, 엄마. 제 존재의 이유에 관한 문제라고요. 이에 대해선 아빠도 분명히 같은 생각이었을 거예요.

리바가 이 말에 대해서 생각한다.

조 그리고… 만약 오늘 내가 죽게 되면 내 인생이 아무 의미도 없을 것 같아서 두려워요.

LIBBA	Joey…!

리바 조이…!

---

except for ~을 제외하고

land 〈비격식〉 (다른 많은 사람이 원하는 직장 등을) 차지/획득하다

tough 힘든, 어려운

struggle 힘겹게 나아가다, 몸부림치다

pursue 추구하다, 원하는 것을 좇다

most times 대체로, 대부분의 경우 (= most of the time)

pay the bills 밥을 먹고 살게 해 주다, 생계를 유지하게 하다

fall asleep 잠들다

amount to (합계가) ~에 이르다/달하다

129

Libba looks into her son's eyes, moved and slightly scared. She **breaks down** a little, but then finally smiles. She goes to a drawer and pulls out a large **garment** box.

LIBBA   Let's make this work instead.

리바가 아들의 눈빛을 보며 약간은 두려운 마음과 함께 감동한다. 감정을 주체하지 못하고 조금 눈물이 나지만, 이내 곧 미소를 짓는다. 그녀가 서랍으로 가서 큰 옷상자를 꺼낸다.

리바   그러면 이번에는 제대로 해 보자.

She opens it to reveal a tight, **crisp** Blue Suit. We come out of Libba's POV as: Joe immediately recognizes the suit, stunned:

JOE   That's... my dad's suit.

그녀가 상자를 여니 팽팽하고 주름 하나 없는 파란 양복 한 벌이 보인다. 우리는 리바의 시점에서 빠져나온다: 조가 보자마자 그 양복이 어떤 양복인지 알아채고 깜짝 놀란다:

조   그건... 아빠의 양복이잖아요.

LIBBA   (calls out) Lulu! Melba! Bring your good scissors in here. We got work to do!

리바   (외친다) 룰루! 멜바! 가위 잘 드는 것들로 챙겨 와. 작업할 게 있어!

The **eavesdropping** Melba and Lulu almost **tip over** and fall into the room as they try to cover their spying. They **get to work** as Joe sits on a table, touched.

몰래 엿듣고 있던 멜바와 룰루가 안 그랬던 것처럼 숨기려고 하다가 거의 고꾸라지며 방안으로 넘어질 뻔한다. 그들이 작업에 돌입하고 조는 감동한 표정으로 탁자에 앉아있다.

Later. 22 surveys the New Suit in a full-length Mirror while Libba, Melba and Lulu **make adjustments**. Joe watches from the side, amazed.

나중에. 리바, 멜바, 그리고 룰루가 옷매무새를 만지는 동안, 22가 전신 거울을 보며 새 양복을 살피고 있다. 조가 옆에서 놀란 표정으로 본다.

22   Wow. This feels really nice!

22   우와. 이 옷 정말 느낌이 좋아요!

Libba chuckles. Joe watches his mom lovingly make a few adjustments, admiring the way her son looks in the mirror.

리바가 싱긋 웃는다. 조는 거울에 비친 아들의 모습에 감탄하며 애정을 기울여 옷매무새를 가다듬는 엄마의 모습을 바라본다.

MELBA & Lulu   You look marvelous! This fits perfectly! Just handsome! Mhmm.

멜바와 룰루   기가 막히게 멋지구나! 딱 맞네! 완전 멋져부러! 암 그럼.

LIBBA   That is one fine wool suit, **if I do say so myself.❶**

리바   내 입으로 말하기는 좀 그렇지만, 정말 끝내주는 모직 양복이지.

22 points to a **pocket-square**.

22가 양복 포켓 장식용 손수건을 가리킨다.

22   Can I try on that?

22   저거 해 봐도 될까요?

LIBBA   Of course you can.

리바   물론이지.

---

break down 감정을 주체하지 못하다, 허물어지다

garment 〈격식〉 의복, 옷

crisp (천이) 빳빳한

eavesdrop 엿듣다

tip over 넘어지다, (아래위가) 뒤집히다

get to work 일을 시작하다, 일에 착수하다

make an adjustment 조절하다, 조정하다

pocket-square 양복 주머니 등에 장식용으로 꽂는 손수건

❶ **If I do say so myself.**
내 입으로 말하긴 좀 그렇지만
본의 아니게 스스로에 대한 칭찬이나 찬양을 하게 되었을 때, 겸손하게 자신을 낮추며 덧붙이는 표현이에요. 중간에 do를 빼고 그냥 if I say so myself 라고 표현할 수도 있는데 의미는 동일합니다.

She puts the **handkerchief** on 22's hand.

엄마가 손수건을 22의 손에 놓는다.	

22   Thank you... um... Mom.

22 고마워요… 음… 엄마.

LIBBA   Ray would've been so proud of you, baby. Like I've always been.

리바 레이가 봤으면 정말 자랑스러워 했을 거야, 아가. 내가 늘 자랑스러워한 것처럼.

Moved, Joe watches as Libba **embraces** 22; as Libba embraces him. Libba pushes 22 toward the door.

리바가 22를 포옹하자, 조(고양이)가 감동어린 표정으로 그 모습을 바라본다. 리바가 22를 문 쪽으로 밀어낸다.

LIBBA   You heard me, right? The suit is **wool**, not **polyester**.

리바 내 말 들었지, 응? 이 양복은 모직으로 만든 거야, 폴리에스테르가 아니라고.

22 picks up Joe.

22가 조를 들어 올린다.

LIBBA   So, don't go putting that cat on your shoulders again!

리바 그러니까 이제 그 고양이 어깨에 올리고 다니면 안 돼!

22 drops Joe on the floor as they both say:

22가 조를 바닥에 내려놓으며, 그들이 동시에 말한다:

JOE & 22   Yes, ma'am!

조와 22 네, 부인!

22 walks to the door as Joe **looks back** at his mom, **lovingly**:

22가 문 쪽으로 걸어가고 조가 애정 어린 표정으로 엄마를 돌아본다.

JOE   Thanks, mom.

조 고마워요, 엄마.

---

handkerchief 손수건

breast pocket 셔츠나 양복의 가슴 부위에 있는 주머니

embrace 안다, 포옹하다

wool 털, 양(산양/낙타 류)털, (비싼) 고급 모직

polyester 폴리에스테르 (합성 섬유로 강도와 건조도가 높아 셔츠 소재로 적합, 울 소재 비해 저렴하고 고급스러움이 덜함)

look back 돌아보다

lovingly 사랑스럽게, 애정을 기울여

Disney · PIXAR
SOUL

Regular Ol' Living
평범한 일상

🎧 25.mp3

EXT. LIBBA'S TAILOR SHOP
Joe **catches up** to 22, now **looking sharp** in the blue suit.

JOE	Wow, that was amazing! Know what that felt like? That felt like jazz!
22	Yeah! You were jazzing!
JOE	Ha ha! Okay, jazzing!

EXT. NEW YORK – SUBWAY STAIRS – DUSK
Joe and 22 **emerge** from the subway station in another part of town, **in the midst of** conversation:

22	**I'm telling you**, Joe. You really should call Lisa again.
JOE	I don't really have time for a **relationship** right now, 22.
22	Oh, busy right now? Want to wait until you die a second time? Cool, cool.
JOE	**Heh**, heh. I can't believe I'm getting romantic advice from an unborn soul.
22	I could **think of** worse.

They both laugh as they turn the corner. **Ahead** is the Half Note Jazz Club. They run up to the club.

JOE	There it is! Ahh! We **made it**! This is going to work!

외부, 리바의 양장점
조가 파란 양복의 멋쟁이 신사가 된 22를 따라잡는다.

조 우와, 정말 대단했어! 어떤 느낌이었는지 알아? 마치 재즈 같은 느낌이었어!

22 그래! 네가 재즈한 거였어!

조 하 해! 그래, 재즈했어!

외부, 뉴욕 – 지하철 계단 – 해 질 녘
조와 22이 도시의 또 다른 지역 지하철역에서 나오고, 대화를 이어간다:

22 진짜 말이지, 조. 리사에게 다시 연락해 보라고.

조 난 지금 이성 관계까지 신경 쓸 시간은 정말 없다고, 22.

22 오, 지금 바쁘다고? 두 번째 죽을 때까지 기다리고 싶은 거야? 좋아, 좋다고.

조 허허. 내가 지금 태어나지도 않은 영혼에게 이성 관계에 대한 조언을 듣고 있다니 기가 찰 노릇이군.

22 더 심한 것도 할 수 있지.

모퉁이를 돌며 같이 웃는다. 앞에 하프노트 재즈 클럽이 보인다. 그들이 클럽을 향해 뛴다.

조 서기 있네! 아아! 마침내 도착했구나! 일이 잘 풀릴 거야!

---

catch up (먼저 간 사람을) 따라잡다
looking sharp 멋지게/말쑥하게 차려입은
dusk 황혼, 땅거미, 해 질 녘
emerge 나오다, 모습을 드러내다
in the midst of ~의 한가운데에
I'm telling you 〈구어〉 정말로, 정말이야
relationship 관계, 연인관계
heh 쳇, 뭐야, 이런 (놀람, 경멸 등, 부정 느낌)

think of ~을 생각하다/머리에 떠올리다
ahead 앞에
made it (장소에) 간신히 도착하다, 성공하다

Joe **admires** 22 in his dad's suit.

JOE   Woah, I can't believe how good I look! The suit! The cut! Just look at me! Heehee! Boodie-be-da!

As he looks at himself against the Half Note **marquee**, he gets more excited:

JOE   Oh, just turn a little bit! Right there!

<u>22</u>   Like this?

22 tries a few **poses** in front of the Half Note, **getting into it**.

JOE   **Angle** the shoulders. Yeah!

<u>22</u>   Ha ha! Who's that? And from this side. Uh huh! Who's back here? Still me!

JOE   That's a winner!

<u>22</u>   Right?

They sit. Joe admires the jazz club as he thinks on his future:

JOE   (to himself) This can't be happening now! The Half Note! Look at that **lineup**…

But as Joe talks, 22's **attention drifts** to the world around them: A Father plays with his daughter. Two close friends at a café laugh together. **A soft breeze** lifts some **fallen leaves**, dancing them across the sidewalk. Sunlight falls across the buildings around them. 22 looks up to see **propeller** seeds fall from a tree above. One falls into 22's hand. 22 stares at the seed. Something changes.

JOE   (O.S.) So, you ready?

조가 자기 아빠의 양복을 입은 22를 감탄하며 바라본다.

조 워, 내가 이렇게 멋져 보이다니 믿기지 않아! 양복 죽이고! 헤어스타일 죽이고! 날 좀 보라고! 히히! 부디-베-다!

조가 하프노트 입구 차양에 기댄 자신의 모습을 보며 더욱 흥분한다:

조 오, 조금만 옆으로 돌아봐! 그래 바로 거기!

22 이렇게?

22가 하프노트 앞에서 슬슬 즐기기 시작하면서 몇 가지 포즈를 취해 본다.

조 어깨를 비스듬히 기대봐. 그래!

22 하 해! 저게 누구람? 그리고 여기서 보면, 어허! 저 뒤에 있는 건 누구람? 저것도 나네!

조 승리자로구맨!

22 그렇지?

그들이 앉는다. 조가 그의 미래를 생각하며 재즈 클럽을 감탄하며 바라본다.

조 (스스로에게) 세상에 이런 일이 있을 수가! 하프노트라니! 저 출연진들 이름 좀 봐…

조가 말하는 동안 22의 관심이 그들 주변의 세상으로 이동한다: 한 아빠가 딸과 함께 놀고 있다. 카페에서 친한 친구 둘이 함께 웃고 있다. 부드러운 산들바람이 낙엽들을 인도 위로 날리며 춤추게 한다. 햇살이 그들 주변의 건물들 위로 드리운다. 22가 단풍나무 씨앗들이 나무에서 빙빙 돌며 떨어지는 것을 올려다본다. 씨앗 하나가 22의 손에 내려앉는다. 22가 씨앗을 응시한다. 뭔가 변한다.

조 (화면 밖) 자 그럼, 준비됐니?

---

admire 감탄하여 바라보다, 칭찬하다

marquee 대형 천막, (극장, 호텔 등의 입구 위에 친) 차양

pose 포즈(자세)를 취하다

get into something ~에 흥미를 갖게 되다, 빠져들다

angle 비스듬히 움직이다

lineup (사람, 물건의) 정렬, 면면, 구성

attention 주의, 관심, 흥미

drift (물, 공기에) 떠가다, 표류/부유하다

a soft breeze 상쾌한 산들바람

fallen leaves 낙엽

propeller 프로펠러, 회전하는

22 **comes out of** it.

22가 동상에서 깨어난다.

22   Huh?

22 어?

바로 이장면!

JOE   To go home. **Bet** you're ready to get off this **stinky** rock, huh? What'd you think of Earth anyway?

조 집에 갈 준비 말이야. 분명히 넌 이 악취 나는 돌덩이에서 어서 벗어나고 싶을 거야, 그지? 근데 지구를 겪어 보니 어떤 것 같니?

22 **considers** this.

22가 이 질문에 대해 고민한다.

22   I… always said it was **dumb**. But… I mean… just look at what I found!

22 난… 항상 지구는 멍청한 곳이라고 생각했어. 그런데… 내 말은 그러니까… 내가 뭘 찾았는지 봐!

22 brings out a bunch of **objects** from the suit pocket – **a spool of thread**, part of a bagel, a **half-eaten** lolly, etc.

22가 양복 주머니에서 물건들을 이것저것 꺼낸다 – 실타래, 베이글 일부, 반쯤 먹은 사탕, 등.

22   Your mom sewed your suit from this cute spool. When I was nervous, Dez gave me this. A guy on the subway yelled at me. It was scary… but I kind of liked that too.

22 네 엄마가 이 귀여운 실타래로 네 양복을 꿰맸어. 내가 긴장했을 때, 데즈가 이걸 내게 줬고. 지하철에서 어떤 남자가 내게 소리 질렀지. 무서웠어… 근데 그것도 좀 재미있더라고.

Joe **regards** 22, surprised.

조가 놀란 얼굴로 22를 유심히 본다.

22   The truth is I've always worried that maybe there's something wrong with me, you know? That I'm not good enough for living. But then you showed me about **purpose**, and **passion** and…

22 솔직히 난 내가 문제가 있는 게 아닌가 하고 늘 걱정했어, 알지? 나는 인생을 살기에는 좀 부족한 존재라고. 그런데 네가 목적과 열정을 내게 보여 줘서…

Excited, 22 looks out **hopefully** at the world.

흥분한 22가 희망에 가득 차 세상을 바라본다.

22   Maybe sky watching can be my Spark. Or walking! I'm really good at walking!

22 어쩌면 하늘을 보는 것이 내 불꽃일 수도 있어. 아니면 걷는 것이! 내가 정말 잘 걷거든!

---

come out of ~에서 (빠져) 나오다, 깨어나다
bet 〈확신〉 ~이 틀림없다/분명하다
stinky 악취가 나는, 역겨운
consider 고려/숙고하다
dumb 바보 같은, 멍청한
object 물건, 물체
a spool of thread 한 타래의 감은 실, 실뭉치
half-eaten 반쯤 먹다 남은

regard 〈격식〉 (어떤 감정, 태도를 갖고) ~을 보다
purpose 목적
passion 격정, 열정
hopefully 희망/기대를 갖고

JOE   Those really aren't purposes, 22. That's just **regular ol'** living. But when you get back to the You Seminar, you can **give it** an **honest try**.

조   그런 것들은 목적이 아니야, 22. 그런 건 그냥 일상적인 삶일 뿐이지. 유 세미나에 다시 돌아가게 되면 한 번 더 진지하게 시도해 봐.

---

22   But I've been at the You Seminar for thousands of years! And I have never felt this close!

22   하지만 나는 유 세미나에 수천 년 동안 참석했었다고! 그리고 이번처럼 근접했다고 느낀 적은 없었어!

MOONWIND (O.S.) Joe!

문원드   (화면 밖) 조!

They look to see Moonwind **approaching**, carrying his stuff, including **bongos**.

그들이 문원드가 봉고를 포함해, 그의 물건을 갖고 오는 것을 본다.

MOONWIND Who's ready to go home?

문원드   집으로 돌아갈 준비된 사람은 누구?

JOE   Moonwind!

조   문원드!

MOONWIND The stars are almost **in alignment**! I'll have you back in your bodies **in no time**.

문원드   별들이 거의 일직선으로 놓였어! 내가 순식간에 너를 너의 몸으로 돌려놔 줄게.

22   No! I've gotta find it here. On Earth. This is my only chance to find my Spark.

22   안 돼! 난 불꽃을 여기서 찾아야 해. 지구에서, 지금이 내 불꽃을 찾을 유일한 기회야.

JOE   22, you're only loving this stuff because you're in My Body. You can find your own thing to love when you get back to the You Seminar. Now come on, I need my body back. Now!

조   22, 네가 이것을 사랑하는 유일한 이유는 네가 내 몸 안에 있어서 그런 거야. 너는 유 세미나로 돌아가야 네 자신이 사랑할 것을 찾을 수 있어. 자 어서, 난 내 몸이 다시 필요해요, 지금!

22's face **hardens**.

22의 표정이 굳어진다.

22   No.

22   싫어.

22 stands, **defiant**.

22가 저항하며 일어선다.

---

regular ol' 아주 일반적인, 특별한 것이 없는 (ol' = old)   defiant (공격적으로) 반항/저항하는

give it a try 시도하다, 한번 해 보다

honest 정직한, 솔직한

approach 다가오다

bongo (drum) 봉고 (보통 한 쌍으로 된, 손으로 연주하는 작은 드럼)

in alignment 일직선이 되어 있는

in no time 당장에, 곧, 잠시도 지체하지 않고

harden (얼굴, 목소리 등이) 굳어지다, 딱딱해지다

22	I'm **in the chair**!	22 내가 주인이야!

22 runs!

22가 달린다!

JOE 22!

조 22!

22	**Leave me alone!**[0] I'm trying to find my purpose!	22 날 혼자 내버려 둬! 난 내 삶의 목적을 찾아볼 거야!

*Joe **takes off** after 22.*

조가 22의 뒤를 쫓는다.

JOE 22, you **come back** here!

조 22, 이리 돌아와!

---

in the chair 의장석에 앉아, 환대의 주인이 되어
take off (서둘러) 떠나다
come back 돌아오다

❶ Leave me alone!
날 혼자 좀 내버려 둬!
제발 좀 성가시게 굴지 좀 말아 달라는 의미로
가장 많이 쓰는 표현 중의 하나예요. 비슷한
상황에서 Don't bother me! 또는 Give me
a break! 와 같은 표현들도 자주 씁니다.

Finding 22's Spark

22의 불꽃 찾기

🎧 26.mp3

EXT. NEW YORK STREET – DUSK
Joe tries to **keep up**. 22 turns a corner and disappears down the subway stairs.

JOE   22!

But as Joe pursues, the Therapy Cat Lady comes up from the same stairway, happy to see him. She grabs Joe and tries forcing him into her **cat carrier**. But Joe goes **feral** on her, a **spinning** ball of **fur** and **claws**. The Therapy Cat Lady screams and drops Joe. He **speeds** down into the subway station after 22. They pass an **advertisement** against the subway station wall. Suddenly, the **linear** form of Terry appears in the ad's **outlines**.

TERRY   There they are.

Terry takes off after them.

INT. SUBWAY STATION
Joe **pursues** 22 through the busy subway station.

JOE   You come back here right now!

They **dodge** Commuters **left and right** until they finally come upon an empty **hallway**.

JOE   You stole my body!

22 runs towards the exit at the far end. Joe **close behind**. But suddenly they are surrounded by darkness and they both fall into Terry's portal trap.

외부. 뉴욕 거리 – 해 질 녘
조가 따라잡으려고 애쓴다. 22가 모퉁이를 돌아서 지하철 계단 아래쪽으로 사라진다.

조 22!

그런데 조가 뒤쫓고 있는 와중에 치료 고양이 관리사가 같은 계단에서 위로 올라오다가 그를 보고 기뻐한다. 그녀가 조를 잡고 고양이 캐리어에 억지로 밀어 넣으려고 한다. 하지만 조가 그녀에게 야생적으로 덤빈다. 털 뭉치 회전과 발톱으로. 치료 고양이 관리사가 비명을 지르며 조를 떨어뜨린다. 그가 22의 뒤를 쫓아 지하철역 안으로 질주한다. 그들이 지하철역 벽에 붙어 있는 광고판을 지난다. 갑자기, 선형 모양의 테리가 광고의 윤곽에서 나타난다.

테리 그들이 저기 있군.

테리가 그들 뒤를 쫓는다.

내부. 지하철역
조가 북적대는 지하철역 사이로 22를 뒤쫓는다.

조 지금 당장 돌아와!

그들이 좌우로 지나가는 통근자들을 휙휙 피해서 가다가 마침내 빈 통로에 이른다.

조 넌 내 몸을 훔쳤어!

22가 반대쪽 끝에 있는 비상구를 향해 달린다. 조가 바짝 달라붙는다. 하지만 갑자기 그들은 어둠에 둘러싸이고 테리의 관문 함정 속으로 함께 떨어진다.

---

keep up (~의 진도, 속도 등을) 따라가다

cat carrier 고양이 캐리어 (고양이 이동장)

feral 야생의, 흉포한

spin (빙빙) 돌다, 회전하다

fur (일부 동물의) 털, 모피

claw (동물, 새의) 발톱

speed 〈격식〉 빨리 가다/이동하다

advertisement 광고 (= ad)

linear (직)선의, 선으로 된, 직선 모양의

outline 윤곽, 개요

pursue 뒤쫓다, 추적하다

dodge 재빨리/휙 움직여 피하다

left and right 여기저기에서, 사방에서

hallway 복도, 통로

close behind 바짝 뒤에 붙어 있는

EXT. LIMBO
As 22 and Joe float through the **inky** darkness, their soul forms emerge out from their **respective** bodies.

As Joe's human body and the cat body float away, the souls of Joe and 22 float **upwards**, to another portal leading back into the You Seminar. Terry looks down on them, **triumphant**.

TERRY It's your time to go, Joe Gardner.

Joe sees his body far below. He **frantically** swims toward it, **making headway**. He's almost able to get into his own body.

TERRY Oh, no, you don't.

Terry stops him.

TERRY Gotcha!

Though **inches away**, Joe is yanked away from his body and pulled toward the You Seminar.

JOE No, no, no, no, no, no!

INT. THE YOU SEMINAR
Joe lands in the **grass** of the You Seminar. Above him the Portal closes.

JOE No!

Furious, Joe **storms** over to 22.

바로 이장면!*

JOE I was gonna play with Dorothea Williams!

22 And I **was about to** find my Spark!

외부. 림보
22와 조가 칠흑 같은 어둠 속을 떠다닐 때 그들의 영혼이 각자의 몸에서 나온다.

조의 인간 몸과 고양이 몸이 떠내려가면서 멀어지고 조와 22의 영혼이 유 세미나 쪽으로 향하는 또 다른 관문을 향해 위쪽으로 떠오른다.

테리 이제 자네가 죽을 때가 됐네, 조 가드너.

조가 저 아래에 있는 그의 몸을 본다. 그가 미친 듯이 그 쪽으로 헤엄쳐서 힘겹게 나아간다. 거의 그의 몸 안에 들어갈 수 있을 것 같다.

테리 오, 안 돼, 그렇게는 안 돼.

테리가 그를 멈춰 세운다.

테리 잡았다!

비록 몇 인치 거리에 있었지만, 조가 그의 몸으로부터 홱 낚아채여 유 세미나 방향으로 당겨졌다.

조 안 돼, 안 돼, 안 돼, 안 돼, 안 돼, 안 돼!

내부. 유 세미나
조가 유 세미나 잔디 위에 떨어진다. 그의 위로 관문이 닫힌다.

조 안 돼!

몹시 화가 난 조가 22에게 쿵쾅거리며 다가간다.

조 난 도로테아 윌리엄스하고 연주할 거였다고!

22 그리고 난 내 불꽃을 찾으려는 참이였다고!

inky 새까만, 칠흑 같은, 잉크로 더럽혀진
respective 각각의, 각자의
upward 위쪽을 향한
triumphant 큰 승리를 거둔, 의기양양한
frantically 미친 듯이, 극도로 흥분하여
make headway (서서히, 어렵게) 나아가다/진전하다
inches away 아슬아슬하게, 몇 인치 떨어진 매우 근접한 거리에
grass 풀, 잔디

furious 몹시 화가 난, 맹렬한
storm (화가 나서) 쿵쾅대며 가다
be about to 막 ~하려는 참이다

JOE	Find your Spark?!	조	네 불꽃을 찾아?!
22	You promised but you wouldn't even give me five minutes!	22	전에 약속해 놓고 내게 5분조차 허락을 안 했잖아!
JOE	My life was finally going to change! I lost everything because of you!	조	내 인생이 마침내 변하기 직전이었다고! 난 너 때문에 모든 걸 잃었어!
TERRY	Joe!	테리	조!

Joe stops shouting.

조가 고함치는 것을 멈춘다.

TERRY	You cheated.	테리	넌 속임수를 썼어.

Joe **looks defeated**. Terry **escorts** them to a group of Counselors.

조가 무기력한 모습이다. 테리가 그들을 카운슬러들에게로 안내한다.

TERRY	Found him!	테리	그들 찾았어!
COUNSELORS	Joe Gardner? You're back! Terry, you found them! Didn't expect that one.	카운슬러들	조 가드너? 돌아왔군요! 테리, 그들을 찾아냈군! 기대도 못 했는데.
TERRY	(proudly) **No need to** thank me!	테리	(뿌듯하며) 나한테 고마워할 필요는 없어!
COUNSELOR JERRY A	It's nice to have everything back **in order**. And…	카운슬러 제리A	모든 것이 질서를 찾으니 참 좋네. 그리고…

The Counselor looks at 22's badge, stunned.

카운슬러가 22의 배지를 보고 깜짝 놀란다.

COUNSELOR JERRY A	22 got her pass?	카운슬러 제리A	22가 통행증을 받았다고?

22 looks down to see her Personality Profile has finally changed into an Earth Pass. The other Counselors happily surround her.

22가 내려다보니 마침내 그녀의 성격 프로필이 지구 통행증으로 바뀌었다. 다른 카운슬러들이 기쁘게 그녀를 둘러싼다.

COUNSELORS	**Oh my goodness**, this is amazing. **Shut the fridge,**[1] 22 has got an Earth Pass?! This is **cray cray**! This is a great day! **After all these years**!	카운슬러들	오 이런 세상에. 정말 놀라워. 말도 안 돼, 22가 지구 통행증을 받았다고? 완전 엄청나네! 오늘은 정말 엄청난 날이야! 이렇게 오랜 세월 만에 마침내!

---

look defeated 풀이 죽어 보이다
escort 호위/호송/에스코트하다
(There's) no need to ~할 필요가 없다
in order 제대로 된, 가지런히
Oh my goodness 세상에나, 맙소사 (= Oh my God)
fridge 냉장고
cray cray 〈속어〉 미친, 제 정신이 아닌 (= crazy)
after all these years 이만큼의 세월을 거쳐, 드디어

❶ **Shut the fridge.**
말도 안 돼, 닥쳐.
위 표현은 직역해서 '냉장고 닫아라!'가 아닌, 성인들이 다소 격하게 쓰는 Shut the f*** up! '닥쳐!'의 어린이 버전이라고 보면 되겠어요. F워드는 나쁜 말이니 대체 표현으로 쓴 문장이랍니다.

22 can't believe it.

		22는 믿기지 않는다는 표정이다.

22　　　　But... what filled in the last box?

22 그런데… 마지막 칸에 무엇이라고 채워져 있나요?

Joe **seethes**, **lashing out**:

조가 속을 부글부글 끓이다가 맹렬히 비난한다:

JOE　　　　I'll tell you what filled it in... I did! It was my Spark that changed that badge! (to Counselors) She only got that because she was living My life! In My body!

조 뭐로 채워졌는지 내가 얘기해 주지… 내가 했어! 그 배지를 변하게 한 것은 나의 불꽃이었어! (카운슬러들에게) 그녀가 그것을 받은 이유는 단지 그녀가 나의 인생을 살았기 때문이라고요! 내 몸속에서!

22 starts to **protest**, but Terry **interrupts**.

22가 항의하려고 하는데, 테리가 중단시킨다.

TERRY　　　　Come on, Mr. Gardner.

테리 어서요, 가드너 씨.

Terry opens a portal to the Great Beyond. But a Counselor leans to Joe:

테리가 머나먼 저세상으로 향하는 관문을 연다. 그런데 한 카운슬러가 조에게 몸을 기울인다:

COUNSELOR JERRY A　　Joe, it's time for you to **accompany** 22 to the Earth Portal. Give you a chance to say goodbye.

카운슬러 제리A 조, 이제 당신이 22를 지구 관문으로 데려가야 할 시간이에요. 작별 인사를 나눌 기회를 줄게요.

COUNSELOR JERRY B　　Of course! It's **standard procedure**.

카운슬러 제리B 당연하지! 그게 원래 표준 절차니까.

The Counselors gently **usher** Joe and 22 toward the Earth Portal.

카운슬러들이 친절하게 조와 22를 지구 관문 쪽으로 안내한다.

TERRY　　　　Just hold on a minute! I get to **set** the count **right**!

테리 잠깐만 있어 봐! 계산을 바로잡는 건 내가 하는 거라고!

COUNSELOR JERRY B　　Terry, you've **done a super job**! We'll take it from here. You're amazing.

카운슬러 제리B 테리, 넌 너무 훌륭히 잘 해냈어! 여기서부터는 우리가 알아서 할게. 넌 대단해.

TERRY　　　　(**flattered**) Well, thank you.

테리 (우쭐해하며) 그래, 고마워.

Terry exits into the Portal.

테리가 관문 안으로 퇴장한다.

TERRY　　　　(proudly) Terry time.

테리 (자랑스럽게) 테리가 최고야.

---

seethe (마음속 분노가) 부글거리다, 속을 끓이다
lash out 몰아세우다, 혹평하다, 맹렬히 비난하다
protest 항의/반대하다, 이의를 제기하다
interrupt (말, 행동을) 방해하다/중단시키다
accompany 〈격식〉 (사람과) 동반/동행하다
standard procedure 표준절차
usher 안내하다
set something right ~을 바로잡다, 고치다, 정리하다

do a super job 일을 대단히 잘 해내다
be flattered 우쭐하다, 으쓱해지다, 뿌듯함을 느끼다

The counselors **encourage** 22 and Joe to the Earth **Portal**.

키운슬러들이 22와 조를 지구 관문 쪽으로 가도록 격려한다.

<u>COUNSELOR JERRY B</u> **Go ahead** you two.

키운슬러 제리B 자 어서 가세요.

EXT. THE YOU SEMINAR – EARTH PORTAL
Joe and 22 approach **the edge of** the Portal, both angry. 22 looks, holds the Earth Pass.

외부. 유 세미나 – 지구 관문
조와 22 둘 다 화가 난 채 관문 가장자리로 다가간다. 22가 지구 통행증을 들고 내려다본다.

22   You don't know. You can't be sure why my pass changed.

22 너는 몰라. 내 통행증이 왜 변했는지 너도 확신할 수 없다고.

JOE   Come on, 22. Think about it. You hated music until you were in my body. You hated everything until you were me!

조 왜 이래, 22. 생각해 봐. 너는 내 몸에 들어가기 전까지는 음악을 싫어했다고. 넌 내가 되기 전까지는 세상 모든 것을 다 싫어했잖아!

22 **stews**. Joe turns to walk away.

22가 잠시 생각한다. 조가 뒤돌아서 걸어간다.

JOE   Hmph, I hope you enjoy it.

조 흥, 가져가서 실컷 즐기라고.

---

encourage 격려하다, 용기를 북돋우다
portal 관문, 정문, (컴퓨터의) 포털 사이트
go ahead 계속 하세요, 시작하다, 앞서 가다
the edge of ~의 가장자리, 끝
stew 생각하다, 마음 졸이다
hmph 에이, 원, 내 참, 흥 (짜증내거나 분개할 때)

Soul's Purpose
영혼의 목적

🎧 27.mp3

As Joe walks something hits him on the back of his head. He sees 22's Earth Pass lying on the ground. He **locks eyes** with 22, who stares **angrily** at him. Joe picks up the pass and makes to throw it back at 22. But when he looks, the soul is gone. Joe looks around, **confused**.

조가 걸어가는데 뭔가가 그의 뒤통수를 친다. 그가 바닥에 떨어져 있는 22의 지구 통행증을 본다. 조가 22와 눈을 마주치는데, (22가) 화내며 그를 노려본다. 조가 통행증을 집어서 22에게 다시 던지려고 한다. 하지만 그가 보니 22의 영혼이 사라졌다. 조가 당황스러워하며 주위를 돌아본다.

COUNSELOR JERRY B (O.S.) I have to ask…

카운슬러 제리B (화면 밖) 물어봐야만 해서…

Startled, Joe hides the Earth Pass behind his back.

놀라서 조가 그의 등 뒤로 지구 통행증을 감춘다.

바로 이장면!*

COUNSELOR JERRY B How **the Dickens** did you do it? Get that Earth Pass to change?

카운슬러 제리B 대체 어떻게 한 거죠? 그 통행증을 변하게 한 거?

JOE Oh… uh. **I just… let her walk a mile in my shoes,❶** you could say.

조 오… 어. 그냥… 내 신발을 신고 좀 걷게 했다고나 할까요.

COUNSELOR JERRY B Well, it **worked**.

카운슬러 제리B 그게 효과가 있었네요.

JOE Heh… yeah.

조 허… 네.

COUNSELOR JERRY B **You should** probably **get going** to the Great Beyond.

카운슬러 제리B 이제 머나먼 저세상으로 가야겠네요.

The Counselor turns to walk away. Joe stops him:

카운슬러가 뒤돌아서 가려고 한다. 조가 그를 멈춰 세운다:

JOE Hey, we never found out what 22's purpose was.

조 이봐요, 우린 22의 목적이 무엇인지 여전히 모르잖아요.

COUNSELOR JERRY B Excuse me?

카운슬러 제리B 뭐라고요?

---

lock eyes 서로 시선을 고정시키다, 눈을 마주치다

angrily 화내어, 노하여

confused 혼란스러워하는

the dickens (도)대체, 이런 (의문문에서 짜증/놀람)

you could say ~라고 말할 수 있겠네요

work (원하는) 효과가 나다/있다

주어 + should get going 아쉽지만 이제 그만 가봐야 한다

> ❶ **I just let her walk a mile in my shoes.**
> 그냥 내 신발을 신고 좀 걷게 했다고나 할까요.
> walk a mile in someone's shoes는 '~의 입장이 되어보다/입장에서 생각해 보다'라는 의미의 관용표현으로 put oneself in one's shoes와 비슷하죠. 영화에서도 실제로 22가 조의 신발을 신고 그의 경험을 한 것과 같은 맥락이죠.

JOE   You know, her Spark. Her purpose. Was it music? **Biology**? Walking?

조   저기, 그녀의 불꽃 말이에요. 그녀의 목적. 음악이었나요? 생물학? 걷는 거?

COUNSELOR JERRY B   We don't **assign** purposes. Where did you get that idea?

카운슬러 제리B   우리는 목적들을 정해 주지 않아요. 그런 생각은 왜 하게 된 건가요?

JOE   Because I have piano. It's what I was born to do. That's my Spark.

조   왜냐하면 내건 피아노이니까요. 난 그것을 위해 태어났어요. 그게 내 불꽃이라고요.

COUNSELOR JERRY B   A Spark isn't a soul's purpose.

카운슬러 제리B   불꽃이 영혼의 목적인 것은 아니에요.

The Counselor walks off, chuckling:

카운슬러가 빙그레 웃으면서 가던 길을 간다:

COUNSELOR JERRY B   Oh, you mentors and your passions! Your purposes! Your meanings of life! So **basic**.

카운슬러 제리B   오, 멘토 당신들은 늘 그런 것들에 열광하는 군요, 열정! 목적! 삶의 의미! 별로 대단한 것들도 아닌데 말이에요.

Joe is confused.

조가 혼란스러워한다.

JOE   No... No!

조   아니… 아니야!

He walks to the edge of the Earth Portal, watching the other new souls jump to Earth.

그가 지구 관문 가장자리로 걸어가며, 다른 새로운 영혼들이 지구로 뛰어내리는 것을 본다.

JOE   It is music. My Spark is music. I know it is!

조   음악이야. 내 불꽃은 음악이야. 확실해!

Determined, Joe jumps down into the portal to Earth.

결심한 조가 지구로 향하는 관문 아래로 뛰어내린다.

INT. 22'S CLUBHOUSE
22 **crawls** inside her clubhouse, **distraught**.

내부. 22의 클럽하우스
22가 심란한 상태로 그녀의 클럽하우스 안으로 기어들어 간다.

<u>22</u>   (muttering) I'm no good. I got no purpose.

22   (중얼거리며) 난 쓸모없는 존재야. 목적이 없는 생명이라고.

She leaves under the sink, onto the Astral Plane.

그녀가 싱크대 밑으로 나가서 아스트랄계로 간다.

<u>22</u>   No purpose... No purpose...

22   목적이 없어… 목적이 없다고…

---

biology 생물학
assign (일, 책임 등을) 맡기다/배정하다, 부여하다
basic 기본적인, 기초적인, 필수적인
determined 단단히 결심한, 단호한
crawl (엎드려) 기다, 기어가다
distraught 심란한, (흥분해서) 완전히 제정신이 아닌

INT. SUBWAY STATION
Joe comes to in his own body, **a sea of** anxious **passersby** staring down at him. He rubs his **aching** head, realizing he's back. Mr. Mittens looks on, until the Therapy Cat Lady approaches. The cat runs into her arms. Joe rushes out of the station.

INT. HALF NOTE
Joe runs down the stairs, into the club. He runs into Curley, looking good in his own gig suit.

CURLEY   (surprised) Mr. G?

JOE   Curley, I made it! I'm ready to go!

CURLEY   You're too late, man.

JOE   Let me talk to Dorothea.

CURLEY   No, no, no, man! **She don't play that!❶**

But Joe blows past Curley and into Dorothea's dressing room.

INT. HALF NOTE – DRESSING ROOM
Dorothea talks to Miho while finishing her **makeup**. Joe **bursts in**.

DOROTHEA   Who let this **lunatic** in here?

JOE   Listen, you've gotta give me another chance!

DOROTHEA   This is my band. I decide who plays.

JOE   And if you don't go with me, you'll be making the biggest mistake of your career.

Dorothea approaches him, **unconvinced**.

DOROTHEA   Oh, yeah? Why's that?

Joe **stands his ground** as Curley listens from the doorway.

내부, 지하철역
조가 자기 몸으로 돌아온다. 불안해 보이는 행인 무리가 그를 응시하며 내려다본다. 그가 아픈 머리를 문지르며 다시 지구로 돌아온 것을 깨닫는다. 미스터 미튼스가 치료 고양이 관리사가 다가오기까지 지켜본다. 그 고양이가 관리사의 팔로 뛰어든다. 조가 급히 역 밖으로 뛰어나간다.

내부, 하프노트
조가 계단을 뛰어내려오며 클럽 안으로 향한다. 그가 공연 정장으로 말쑥하게 차려입은 컬리와 마주친다.

컬리 (놀라며) 미스터G?

조 컬리, 마침내 내가 왔어! 난 바로 연주할 준비가 됐다고!

컬리 너무 늦으셨어요, 쌤.

조 도로테아에게 내가 말해 볼게.

컬리 아니, 아니, 안 돼요! 그녀는 그런 식으로는 안 해요.

하지만 조가 컬리를 쏜살같이 제치고 도로테아의 분장실로 들어간다.

내부, 하프노트 – 분장실
도로테아가 화장을 끝내며 미호에게 말하고 있다. 조가 갑자기 들이닥친다.

도로테아 누가 이 미치광이를 여기에 들어오게 했지?

조 들어보세요. 저에게 한 번만 더 기회를 주셔야 해요!

도로테아 이건 내 밴드야. 누가 연주 할지는 내가 결정한다고.

조 저와 같이 연주하지 않으면 당신 음악 인생에 있어서 가장 큰 실수를 저지르는 걸 거예요.

도로테아가 설득되지 않은 모습으로 그에게 다가선다.

도로테아 오, 그래요? 그건 왜 그럴죠?

조가 자기주장을 고집하고 있고 컬리가 문 앞에서 열심히 듣고 있다.

---

a sea of 무수한, 많은 수의
passersby 통행인, 행인, 지나가는 사람
aching 쑤시는, 아리는
makeup 화장, 메이크업, 분장
burst in (방, 건물 등에) 와락/불쑥 들어가다
lunatic 미치광이, 정신병자
unconvinced 납득/확신하지 못하는
stand one's ground 자기주장을 고집하다, 버티다

❶ **She don't play that!**
그녀는 그런 식으로 일하지 않는다.
이 문장에서 쓰인 play는 우리에게 익숙한 '놀다' 또는 '악기를 다루다'와 같은 의미가 아닌 '(상황을 ~하게) 다루다/처리하다'의 의미예요. She don't은 문법을 무시한 길거리 영어로 정확한 문법으로는 She doesn't라는 것도 명심하세요.

JOE　　My only purpose on this planet is to play. It's what I **was meant to** do. And nothing's gonna stop me.

Dorothea is intrigued. She thinks for a moment, then –

DOROTHEA　Well, aren't you an **arrogant** one. I guess you really are a jazz player. (to Curley) Tell Robert he's out. For now.

Dorothea exits, saying over her shoulder:

DOROTHEA　(to Joe) Nice suit.

Curley **gives Joe a thumbs-up** and rushes off.

Joe looks in the mirror, **relieved**. As he **straightens** his tie, Joe notices a photograph of Duke Ellington straightening his tie. Joe smiles:

JOE　　Get ready, Joe Gardner. Your life is about to start.

INT. HALF NOTE – STAGE
Later. The band **kicks in**. Joe doesn't miss a beat. He **pounds** on the keys as he and Dorothea solo **joyously back and forth**, **in the flow**. We see the **quartet**'s right performance in a series of Time Cuts. The crowd **eggs** them **on** wildly. Then, it ends. The lights come up. Joe **is spent**, breathing heavily, taking in the applause. He looks over at Dorothea. She smiles and leans in:

DOROTHEA　Welcome to the quartet, Teach!

The audience is **on their feet** applauding, including Libba, Melba and Lulu.

MELBA & LULU　Woohoo!

LIBBA　　That's my Joey!

Joe is **elated**.

조　지구에서 내 삶의 유일한 목적은 연주하는 것이에요. 그것이 나의 운명이죠. 나를 그 무엇도 막을 수 없어요.

도로테아가 관심을 가진다. 그녀가 잠시 생각한다. 그러더니 –

도로테아　당신이란 사람 참으로 오만하군요. 진정한 재즈 연주자가 아닐까 싶어요. (컬리에게) 로버트에게 빠지라고 해. 일단 지금은.

도로테아가 나가면서 자신의 어깨 너머로 말한다:

도로테아　(조에게) 양복 멋진데요.

컬리가 조에게 엄지 척을 해 보이며 서둘러 간다.

조가 안도하며 거울을 들여다본다. 그가 자신의 넥타이를 매만지다가 듀크 엘링턴이 그의 넥타이를 매만지는 사진을 발견한다. 조가 미소 짓는다:

조　준비해, 조 가드너. 네 인생이 이제 막 시작되려는 참이야.

내부. 하프노트 – 무대
나중에. 밴드가 연주를 시작한다. 조가 한 박자도 놓치지 않는다. 조와 도로테아가 완전히 몰입되어 즐겁게 솔로 파트를 번갈아 가며 연주할 때 조가 건반을 거침없이 두드린다. 연속적인 타임컷으로 4인조 밴드가 멋지게 연주하고 있다. 관객들이 열광하며 더 부추긴다. 그러고는 연주가 끝난다. 조명이 켜진다. 조가 기진맥진해서 거칠게 숨을 쉬며 박수갈채를 받아들인다. 그가 도로테아 쪽을 바라본다. 그녀가 미소 지으며 조에게 몸을 기울인다:

도로테아　쿼텟에 합류하게 된 걸 환영해요. 선생!

관객들이 일어서서 박수갈채를 보내는데, 관객들 가운데 리바, 멜바, 그리고 룰루도 함께 있다.

멜바와 룰루　우후!

리바　저 애가 바로 우리 아들 조이라우!

조가 의기양양한 표정이다.

---

be meant to ~하지 않으면 안된다. ~하기로 되어 있다
arrogant 거만한, 오만한
give somebody a/the thumbs-up 엄지 척, 찬사 표시
relieved 안도하는, 다행으로 여기는
straighten ~을 바로잡다, 똑바르게 하다
kick in ~을 시작하다
pound (요란한 소리를 내며) 치다/두드리다
joyously 기뻐하며, 즐거워하며 (= joyfully)

back and forth 왔다 갔다, 오락가락, 앞뒤로
in the flow 몰입상태에서, 몰입되어
quartet 4인조, 4중주(창)
egg on ~을 부추기다
be spent 기운이 빠지다, 녹초가 되다
on one's feet 일어서서
elated 행복해하는, 신이 난

147

A Story About a Fish
물고기 이야기

🎧 28.mp3

EXT. HALF NOTE – NIGHT
Curley, Miho and Joe come out of the club, excited and **energized**.
Libba, Lulu and Melba follow.

외부, 하프노트 – 밤
컬리, 미호와 조가 클럽에서 나오는데, 신나고 열기가 넘치는 분위기다.

CURLEY　　Nice work – that was **killer**!

컬리　정말 멋졌어요 – 완전 죽여줬다고요!

MIHO　　(laughing) I'm not going to **cover** that **bridge** for you again!

미호　(웃으며) 다음번에는 브리지 부분 커버 안 해 줄 거예요!

JOE　　Yeah, that was amazing! Ha ha!

조　네, 그거 정말 멋졌어요! 하 해

Curley and Miho walk off.

컬리와 미호가 멀어진다.

CURLEY　　Later, Mr. G!

컬리　다음에 봐요, 미스터G!

Libba, Melba and Lulu **congratulate** Joe and **hail a cab**.

리바, 멜바, 그리고 룰루가 조를 축하하며 손을 흔들며 택시를 부른다.

MELBA & LULU　　You did great! We love you!

멜바와 **룰루**　정말 멋졌어! 사랑해!

LIBBA　　I'm so **proud of** you, Joey!

리바　네가 너무 자랑스럽구나, 조이!

She hugs her son, then climbs into the cab.

그녀가 아들을 포옹한 후 택시에 오른다.

LIBBA　　Gotta **get to bed**. We old!

리바　자러 가야 해. 우린 늙었다고!

Joe waves as Dorothea **exits** the club.

조가 손을 흔드는데, 도로테아가 클럽에서 나온다.

바로 이장면!*

DOROTHEA　　You play a hundred shows, and one of them is killer. You don't get many like tonight.

도로테아　100번 정도 공연을 하면, 딱 한 번 인생작이 나오는 거예요. 오늘 밤 같은 공연은 자주 있는 게 아니에요.

---

energized 활기/기운이 넘치는
killer 〈비격식〉 (뛰어나서) 죽여주는 것
cover (자리를 비운 사람의 일을) 대신하다
bridge 〈음악〉 브리지 (절과 후렴, 후렴과 후렴을 연결하는 파트)
congratulate 축하하다
hail a cab 손을 흔들어 택시를 세우다
be proud of something ~을 자랑스러워하다
get to bed 잠자리에 들다

exit 나가다, 떠나다, 퇴장하다

JOE	Yeah! (beat) So, what happens next?	**조**	네! (정적) 그럼, 이제 어떻게 되는 건가요?
DOROTHEA	We come back tomorrow night and do it all again.	**도로테아**	내일 밤에 다시 와서 또 모든 것을 반복하는 거죠.

Joe looks confused, slightly **disheartened**.

조의 표정이 혼란스럽다. 약간 실망한 듯하다.

DOROTHEA	What's wrong, Teach?	**도로테아**	뭔가 잘못되었나요, 선생?
JOE	It's just… I've been waiting on this day for my **entire life**. I thought I'd feel… different.	**조**	그냥… 내 일평생 이날을 기다려 왔거든요. 저는 제 인생이… 달라진 느낌일 줄 알았어요.

Dorothea **studies** him **knowingly**. Finally:

도로테아가 다 알고 있다는 듯한 표정으로 그를 유심히 살핀다. 마침내:

DOROTHEA	I heard this story about a fish. He swims up to this older fish and says "I'm trying to find this thing they call the ocean." "The ocean?" says the older fish, "That's what you're in right now." "This?" says the young fish, "This is water. What I want is the ocean."	**도로테아**	어떤 물고기에 대한 이야기를 들은 적이 있어요. 그 물고기가 늙은 물고기에게 다가가 말하기를 "다른 물고기들이 말하는 그 바다라는 것을 찾으려고 해요." "바다?" 늙은 물고기가 말했죠, "네가 지금 있는 곳이 바다란다." "여기요?" 젊은 물고기가 말하죠. "이건 물이잖아요. 내가 원하는 것은 바다라고요."

She hails a cab.

그녀가 택시를 부른다.

DOROTHEA	See you tomorrow.	**도로테아**	내일 봐요.

Dorothea leaves. Joe watches her go, alone and confused. The marquee behind him **flicks off**.

도로테아가 떠난다. 조가 홀로 남아 혼란스러워하며 그녀가 가는 것을 지켜본다. 그의 뒤로 클럽 차양의 불빛이 꺼진다.

INT. SUBWAY
Joe **ponders** Dorothea's words as he rides the train. It **lurches**. He **bumps into** someone.

내부. 지하철
조가 지하철을 타며 도로테아가 한 말을 곰씹는다. 지하철이 휘청거린다. 그가 누군가와 부딪친다.

COMMUTER	Hey man!	**승객**	이봐요!
JOE	Sorry.	**조**	미안해요.

---

disheartened 낙심한, 낙담한
entire life 일생, 한평생
study 살피다
knowingly (비밀을) 다 알고 있다는 듯이
flick off 천능불 박 끄나, 신둥이 틱 끼치디
ponder 〈격식〉 숙고하다, 곰곰이 생각하다
lurch (갑자기) 휘청하다/휘청거리다
bump into ~ ~에게 부딪히다

Joe looks into the train. Subway Riders stand **motionless**, looking at their phones. He looks at this reflection in the window, feeling alone and empty.

INT. JOE'S APARTMENT – NIGHT
Joe closes the door behind him and stares at his **all-too-familiar** apartment. Around him, nothing has changed. He walks into the empty silence. He turns on a dim lamp and sits down at the piano.
A **Crunch** of stuff in his pocket **gets his attention**. He pulls out the things 22 "found": a pizza crust, a bagel, a lollipop, a spool of thread, and a helicopter seed.
He **absently dumps** it on an **end-table** and puts his head in his hand, **mournfully** fingering the piano keys. Joe's eyes fall back onto 22's **mementos**. It **triggers** something in Joe.
Joe remembers: Outside the Half Note, the helicopter seed twirls into his hand. But it is 22's memory. Back at his piano, Joe is startled. He looks at the pizza crust.
Joe remembers: At the door stoop, Joe **thoroughly** enjoys the pizza slice moments after leaving the hospital. Again, this is 22's memory. Back at his piano, Joe scoops the objects and places them on the **music ledge** of the piano, studying them.

After a moment, he begins to play. Each item triggers other specific Memories:
The Bagel falling to the Busker's guitar case. The Lollipop **segues** into Dez's sharp haircut. The Thread Spool reminds him of his mother, Libba, passing his dad's suit onto him.

Joe smiles as other Memories start to flow, inspiring the music:
Joe lies on the subway grate, feeling the wind beneath his back. Watching Connie go into the zone while playing her trombone.

Then deeper Memories of Joe's life emerge:
A younger Libba **gives** her **toddler-aged** son Joe **a bath**. His father, Ray, drops a **needle** onto a jazz record, while 10-year-old Joe watches. They enjoy the music together.

조가 지하철 안을 들여다본다. 지하철을 탄 사람들이 휴대폰을 보면서 아무 움직임 없이 서 있다. 그가 외롭고 공허한 마음으로 창문에 비친 자기 모습을 본다.

내부. 조의 아파트 – 밤
조가 그의 뒤로 문을 닫고 들어와 자신의 너무나도 친숙한 아파트를 응시한다. 그의 주변으로 아무것도 변한 것이 없다. 그가 공허한 고요 속으로 들어온다. 그가 어두운 불빛의 스탠드를 켜고 피아노 앞에 앉는다. 주머니 속 부스럭거리는 것들이 그의 주의를 끈다. 22가 발견했던 물건들을 꺼낸다: 피자 껍질, 베이글, 막대사탕, 실타래, 그리고 단풍나무 씨앗.
그가 소파 옆의 작은 탁자 위에 그 물건들을 무심코 놓고 손으로 턱을 괴며, 구슬프게 피아노 건반들을 만지작거린다. 조의 눈이 22를 기념하는 물건들에 머무른다. 그것이 조의 마음속에서 무엇인가를 촉발시킨다.
조는 기억한다: 하프노트 밖에서 단풍나무 씨앗이 빙빙 돌며 그의 손에 내려앉았다. 하지만 그것은 22의 기억이다. 다시 자신의 피아노에서 조가 깜짝 놀란다. 그가 피자 껍질을 바라본다.
조는 기억한다: 현관 입구 계단에서 조가 병원에서 나온 후 피자 한 조각을 엄청나게 맛있게 먹고 있다. 또다시, 이건 22의 기억이다. 그의 피아노에서, 조가 22의 물건들을 손에 담아 피아노의 보면대 위에 놓고 유심히 살펴본다.

잠시 후, 그가 연주를 시작한다. 각각의 물건들이 다른 구체적인 기억들을 생각나게 한다:
버스커의 기타 케이스에 떨어지는 베이글. 막대사탕이 부드럽게 데즈의 멋진 이발 장면으로 넘어간다. 실타래는 그의 엄마, 리바가 그의 아빠 양복을 그에게 건네는 장면을 떠오르게 한다.

다른 기억들이 머릿속에서 흘러가기 시작하면서 음악적인 영감이 떠오르자 조가 미소 짓는다:
조가 등 밑에서 올라오는 바람을 느끼며 지하철 환기구 덮개 위에 누워 있다. 코니가 트롬본을 연주하면서 무아지경에 빠져드는 것을 보고 있다.

그리고 조의 인생의 더 깊숙한 기억들이 나타난다: 더 젊은 모습의 리바가 유아 시절의 조를 목욕시키고 있다. 그의 아빠, 레이가 10살의 조가 지켜보는 가운데 재즈 음반 위로 (축음기의) 바늘을 내려놓는다. 그들이 함께 음악을 즐긴다.

---

motionless 움직이지 않는, 가만히 있는
all-too-familiar 너무 친숙한, 너무나도 익숙한
crunch 으드득/뽀드득 등 (단단한 것이 으스러질 때)
get one's attention ~의 관심을 얻다
absently 멍하니, 무심코
dump (적절치 않은 곳에 쓰레기 등을) 버리다
end-table (소파, 의자 옆에 놓는) 작은 테이블
mournfully 슬픔에 잠겨

memento (사람, 장소를 기억하기 위한) 기념품
trigger 촉발하다
thoroughly 대단히, 완전히, 철저히
music ledge (피아노 건반 위쪽의) 악보/보면대
segue (다른 것으로 부드럽게) 넘어가다/이어지다
give somebody a bath ~을 목욕시키다
toddler-aged 유아 연령대인
needle (축음기의) 바늘

A teenaged Joe pedals a bike through the park, feeling the freedom of summer.
The morning light fills the streets of his Queens neighborhood.
Teenaged Joe watches a **Mets** game from a rooftop with his parents.
Fireworks **explode** against the city skyline.

The memories bring tears to Joe as he plays. More recent ones start to come:
In a **diner**, Joe sits alone eating a piece of pie, deeply **satisfied**. Joe gives a young Curley his first pair of **drumsticks**, inspiring him with a **Max Roach** record. Joe plays his piano for his ill father. Ray smiles as he listens, lost in his son's music. Joe and his mother are alone at the beach, letting the water **wash over** their **bare feet**.

The memories **overwhelm** Joe as he continues to play. He smiles as tears fall. Slowly his **perspective alters**, lifting out of himself, out of the city, off the Earth, and into the **cosmos**. Suddenly, another memory comes, as just voices:

22   (O.S.) Maybe sky watching can be my Spark. Or walking! I'm really good at walking!

JOE   (O.S.) Those really aren't purposes, 22. That's just regular ol' living.

This **snaps** Joe **back** to Earth. A **disturbing** thought **takes hold**. He picks up the helicopter seed, gazing at it as he thinks about 22. Joe makes a decision, puts the seed in his pocket, closes his eyes, and begins playing again. The room **fades away** as the music takes him into the zone.

십 대의 조가 여름의 자유를 느끼며 공원 사이로 자전거 페달을 굴리며 간다. 아침 햇살이 조가 살던 퀸즈 동네 거리들을 가득 채운다. 십 대의 조가 부모님과 함께 옥상에서 메츠의 경기를 본다. 도시의 스카이라인을 배경으로 폭죽들이 터진다. 그가 연주하는 동안 이러한 기억들이 그의 눈에 눈물을 고이게 한다.

좀 더 최근의 기억들이 나오기 시작한다:
동네 식당에서 조가 혼자 앉아서 무척 만족하며 파이 한 조각을 먹는다. 조가 어린 컬리에게 맥스 로치의 음반으로 그의 감정을 고취시키며 컬리의 생애 첫 드럼스틱을 준다. 조가 아픈 아빠를 위해 피아노 연주를 한다. 레이가 그의 아들의 음악에 푹 빠져서 귀 기울여 듣는다. 조와 그의 엄마가 아무도 없는 해변에서 그들의 맨발 위로 바닷물이 씻겨 내려가게 한다.

조가 계속 연주하는 동안 기억들이 그의 감정을 벅차오르게 한다. 눈에서 눈물이 흐르고 그는 미소 짓는다. 천천히 그의 시점이 변하면서 그의 몸에서 떠올라, 도시 밖으로 나가고, 지구를 벗어나서, 우주 속으로 들어간다. 갑자기 또 다른 기억이 떠오르며 그냥 목소리들만 들리는데:

22 (화면 밖) 어쩌면 하늘을 보는 것이 내 불꽃일 수도 있어. 아니면 걷는 것이! 내가 정말 잘 걷거든!

조 (화면 밖) 그런 것들은 목적이 아니야, 22. 그런 건 그냥 일상적인 삶일 뿐이지.

이것이 조를 다시 지구로 되돌려 놓는다. 뭔가 불안한 감정이 점점 강해진다. 그가 단풍나무 씨앗을 들고 유심히 바라보며 22를 생각한다. 조가 결단을 내리고, 주머니에 씨앗을 넣고, 눈을 감고, 다시 연주를 시작한다. 음악이 그를 무아지경으로 빠지게 하면서 그의 방이 점점 희미해지며 사라진다.

(New York) Mets 메츠, 뉴욕의 프로야구팀 중의 하나

explode 터지다, 폭발하다

diner (음식값이 싸고 편한 분위기) 동네 작은 식당

satisfied 만족하는, 만족스러워하는

drumstick 드럼스틱, 북채

Max Roach 미국의 재즈 음악가, 드럼 연주의 대가

wash over ~위를 적시다

bare feet 맨발

overwhelm (격한 감정이) 휩싸다/압도하다

perspective 관점, 시점, 시각

alter 변하다, 달라지다, 고치다, 바꾸다

cosmos (질서 있는 시스템으로서의) 우주

snap back (용수철 따위가) 튀어 돌아오다

disturbing 충격적인, 불안감을 주는

take hold 대단히 강력해지다

fade away 점차/서서히 사라지다

22 Becomes a Lost Soul

22 길 잃은 영혼이 되다

🎧 29.mp3

EXT. THE ASTRAL PLANE
Joe opens his eyes, not in the zone. He plays an astral piano in his soul form, **floating** above the plane. Other souls in the zone float on the **horizon**.

MOONWIND   (O.S.) Joe!?

Joe looks to see Moonwind **aboard** his ship, sailing toward him.

외부, 아스트럴계
조가 눈을 뜬다. 무아지경이 아니다. 그가 영혼의 모습으로 아스트럴계 위를 떠다니며 영적 세계의 피아노를 연주한다. 무아지경에 빠진 다른 영혼들이 지평선 위를 떠다닌다.

문윈드   (화면 밖) 조!?

조가 바라보니, 자기 배를 타고 있는 문윈드가 조를 향해 다가온다.

바로 이장면!*

MOONWIND	Joe! **Good heavens,**[1] man! What are you doing in the zone?	문윈드 조! 맙소사, 이 사람아! 무아지경에서 뭘 하고 있는 거야?
JOE	Moonwind!	조 문윈드!
	Joe jumps onto the deck.	조가 갑판으로 뛰어오른다.
JOE	I **messed up**. I need to find 22.	조 내가 엉망으로 만들었어. 22를 찾아야 해.
MOONWIND	I'm afraid she's become a Lost Soul.	문윈드 안타깝게도 그녀는 길 잃은 영혼이 되었다네.
JOE	What? How is that possible?!	조 뭐라고? 그게 어떻게 가능하지?!
MOONWIND	I'll explain **on the way**.	문윈드 가면서 설명해 주지.
	Moonwind **speeds** the ship across the Astral Plane.	문윈드가 아스트럴계를 지나며 배의 속도를 올린다.
MOONWIND	When neither of you returned to the Half Note, I **suspected** something had gone wrong.	문윈드 하프노트에 둘 다 안 돌아왔을 때 뭔가 잘못됐다고 의심했지.

---

float 흘러가다, 떠돌다
horizon 수평선, 지평선
aboard (배, 기차, 비행기 등에) 탑승한, 승선한
mess up 엉망으로 만들다, 망치다
on the way 도중에, ~하는 중에
speed 빨리 가다, 이동하다
suspect 수상쩍어하다, 의심하다

❶ **Good heavens!**
맙소사!
놀라움, 충격, 분노, 기쁨 등의 감정을 표현하는 감탄사로 Good heavens above! / Heavens!라고 쓰기도 하고 비슷한 표현으로는 Oh my goodness(God)! My Lord! 등이 있습니다.

EXT. ASTRAL PLANE – FLASHBACK
Moonwind **steers** the ship.

MOONWIND (V.O.) I came back here, and that's when I spotted her.

Moonwind spots 22, now covered in astral dust – Dark 22. He waves at 22. But the Lost Soul runs off.

Back to scene: Joe scans a field of Lost Souls with a telescope as Moonwind continues.

MOONWIND Lost Souls are **obsessed** by something that disconnects them from life. And now that 22 has **technically** lived, she's become one of them.

외부. 아스트랄계 – 회상
문윈드가 배를 조종한다.

문윈드 (목소리) 내가 여기로 돌아왔을 때 그녀를 봤다네.

문윈드가 이제 아스트랄 먼지로 뒤덮인 22를 발견한다 – 다크 22. 그가 22에게 손을 흔든다. 하지만 그 길 잃은 영혼은 도망간다.

기존 장면으로: 문윈드가 계속 가는 가운데 조는 망원경으로 길 잃은 영혼들의 언덕을 훑어본다.

문윈드 길 잃은 영혼들은 그들을 삶에서 분리하는 뭔가에 강박이 있네. 이제 22가 엄밀히 따졌을 때 삶을 산 것이기 때문에, 그녀는 그들 중의 하나가 된 거지.

Joe finds Dark 22 in the distance.

JOE There she is!

MOONWIND Good show!

Moonwind steers the ship and pursues.

JOE 22!

Dark 22 hisses at Joe and rockets off.

MOONWIND Ready the net!

JOE I'm on it!

Joe **cocks** the **harpoon** net and fires. The net wraps around Dark 22 like a **lasso**. They try to **reel** 22 **in**. But Dark 22 dives below the surface, forcing the bow of the ship straight down into the dust.

조가 저 멀리에 있는 다크 22를 발견한다.

조 저기 그녀가 있다!

문윈드 잘 나타났군!

문윈드가 배를 조종해서 뒤쫓는다:

조 22!

다크 22가 조에게 쉭쉭거리더니 솟구치며 사라진다.

문윈드 그물을 준비해!

조 바로 준비할게!

조가 작살 그물을 곧추세우고 발사한다. 그물이 올가미 밧줄처럼 다크 22를 휘감는다. 그들이 22를 얼레로 감아 끌어당기려고 한다. 하지만 다크 22는 수면 아래로 다이빙해서 뱃머리가 먼지 속에 수직으로 내려가게 한다.

---

steer (배, 자동차 등을) 조종하다. 나아가다
obsessed ~에 중독된. 집착하는
technically 엄밀히 따지면/말하면
Good show! 아주 좋아! 잘했어!
cock 곧추세우다
harpoon (고래 등을 잡는데 쓰는) 작살
lasso 올가미 밧줄
reel in (릴, 얼레 등에 줄을 감아) ~을 당기다

❶ I'm on it!
지금 당장 할게!
문제가 발생하거나 할 일이 생겼을 때 지체하지 않고 바로 그 일에 착수하겠다고 할 때 쓰는 표현이에요. 상황에 따라서는 '이미 그 일에 착수했다'는 의미가 될 수도 있어요.

MOONWIND Oh, no! She's got us!

As the ship **sinks**, Joe **jumps off**.

JOE   Moonwind!

MOONWIND (**salutes**) A captain always goes down with the ship. It has been a pleasure serving with you—

Moonwind and the entire ship is **pulled down**, **vanishing** into the dust.

EXT. NEW YORK 14th & 7th – NIGHT
Moonwind is spinning his sign. He is suddenly **jolted** out of his **trance**.

Back to scene: Dark 22 pops up in the distance, hissing at Joe. The soul runs off again.

JOE   22!

Joe **chases** 22.

JOE   Come back, 22! It's me, Joe!

Joe **corners** 22 between some astral rocks. 22 paces, animal-like, cornered and scared.

JOE   Easy, 22! Easy. I just came back to give you this.

Joe holds up the Earth Pass. But 22 **panics**, growing more **monstrous**.

JOE   Easy…

문원드 오, 안 돼! 그녀가 우리를 잡았어!

배가 가라앉을 때 조가 뛰어내린다.

조 문원드!

문원드 (경례한다) 선장은 언제나 배와 함께 가라앉는 법이네. 자네를 돕게 되어 즐거웠네—

문원드와 배 전체가 아래로 잡아당겨지더니 먼지 속으로 사라져 버린다.

외부. 뉴욕 14가와 7가 – 밤
문원드가 광고판을 돌리고 있다. 그가 갑자기 무아지경에서 덜컥하며 깨어난다.

기존 장면으로: 다크 22가 조에게 쉭쉭거리며 멀리서 튀어나온다. 그 영혼이 다시 도망친다.

조 22!

조가 22를 뒤쫓는다.

조 돌아와, 22! 나야, 조!

조가 22를 아스트랄 바위 사이로 몰아넣는다. 22가 구석에 몰려 겁을 먹고 짐승처럼 서성거린다.

조 진정해, 22! 진정하라고. 난 단지 너에게 이것을 주려고 온 거야.

조가 지구 통행증을 들어 올린다. 22가 극심한 공포에 사로잡혀 더 괴물처럼 변한다.

조 진정해…

---

sink 가라앉다, 침몰하다
jump off 뛰어내리다
salute 경례를 하다
pull down 허물어트리다
vanish 사라지다
jolt 갑자기 거칠게/덜컥거리며 움직이다
trance 가수 상태, 무아지경
chase 뒤쫓다, 추적하다

corner (구석에) 가두다, (궁지에) 몰아넣다
panic 겁에 질리다
monstrous 가공할, 괴물 같은

Suddenly, 22 dives back into the **sink cabinet** and **scrambles** through the **shaft** into the soul's clubhouse. Joe rushes after her.

JOE   22, listen! Come back!

INT. MENTOR ORIENTATION THEATER
On stage, a Counselor presents a trophy to Terry, who **beams** with pride.

COUNSELOR JERRY B   And for correcting our **absent-minded** mistakes and setting the count right, we are awarding you, Terry, this trophy. (beat) As you requested.

A few Counselors in the audience applaud with varying levels of **enthusiasm**.

TERRY   I am happy to accept this very special award I requested, but that I **absolutely deserve**.

Suddenly, Dark 22 crashes through the screen and runs into the audience hissing and **shrieking**. Joe runs after 22 as everyone **scatters**. The Counselor quickly takes back Terry's trophy.

COUNSELOR JERRY B   And I'll just take that back…

TERRY   Hey!

Angry, Terry pushes through the Counselors, stopping 22 before the soul can escape the theater.

TERRY   Oi, **Noob**! You're not where you belong!

But Dark 22 grows even more, **towering** above Terry. 22 **pounces on** the accountant, tying Terry's **limbs** into knots. 22 **bolts** out the door.

EXT. THE YOU SEMINAR
Dark 22 runs through campus, Joe close behind. New Souls look up at the Lost Soul **in wonder**.

조   22, 들어 봐! 돌아오라고!

내부. 멘토 오리엔테이션 극장
무대 위에서 한 카운슬러가 자부심으로 희색이 만면한 테리에게 트로피를 수여한다.

카운슬러 제리B   그리고 우리의 방심하는 실수를 바로잡고 계산을 바로 잡은 것에 대해서 우리는 테리에게 이 트로피를 수여합니다. (정적) 당신이 요청한 대로.

관객석에 있는 카운슬러 몇 명이 서로 다른 수준의 열의를 보이며 박수를 친다.

테리   나는 내가 요청했지만, 분명히 내가 받을 자격이 있는 이 특별한 상을 받게 되어 기쁘군요.

갑자기, 다크 22가 스크린을 뚫고 추락하여 쉭쉭거리고 비명을 지르며 관객 속으로 뛰어든다. 조가 22를 추격하고 모두가 옆으로 흩어진다. 카운슬러가 재빨리 테리의 트로피를 다시 가져간다.

카운슬러 제리B   그리고 나는 그것을 그냥 다시 가져갈 것이고…

테리   이봐!

화가 난 테리가 카운슬러들을 밀치며 22가 극장에서 빠져나가기 전에 그녀를 막는다.

테리   이봐, 초짜! 여기는 네가 있을 곳이 아니야!

하지만 다크 22가 더욱 커지며 테리의 위로 높이 솟아오른다. 22가 그 회계사에게 달려들어, 테리의 팔다리를 매듭으로 만든다. 22가 문을 박차고 나간다.

외부. 유 세미나
다크 22가 캠퍼스를 누비며 뛰어가고 조가 그 뒤를 바짝 쫓는다. 새 영혼들이 넋을 잃고 그 잃어버린 영혼을 올려다본다.

---

sink cabinet 싱크대/개수대 보관장

scramble 재빨리 움직이다

shaft 수직 통로, 수갱

beam 활짝 웃다

absent-minded 건망증이 심한, 딴 데 정신이 팔린

enthusiasm 열정, 열의

absolutely 전적으로, 틀림없이

deserve ~을 받을 만하다/누릴 자격이 있다

shriek (날카롭게) 꽥 소리를 지르다

scatter (흩)뿌리다, 사방으로 흩어지다

noob 〈비격식〉 초심자, 초짜

tower ~위로 높이 솟아있다

pounce on ~에 덮치다, 달려들다

limb 팔/다리, (새의) 날개

bolt 갑자기 달아나다

in wonder 놀라서, 경이의 눈빛으로

JOE	22, stop! I have something to tell you!	**조**	22, 멈춰! 너에게 할 말이 있어!

22 throws a New Soul at Joe. The New Soul laughs as it **bounces off** Joe's face.

22가 새 영혼 하나를 조에게 던진다. 그 새 영혼이 조의 얼굴을 맞고 튀어나오며 웃는다.

JOE	Ahh! Stop that! No!

조 아아! 그런 건 그만해! 안 돼!

Joe is **pelted** by more New Souls before 22 runs off again. Counselors keep the New Souls away from 22 while also trying to calm the Lost Soul down.

22가 다시 도망가기 전에 조가 더 많은 새 영혼들에게 맞는다. 카운슬러들이 22로부터 새 영혼들을 떨어지게 하면서 동시에 그 길 잃은 영혼을 진정시키려고 애쓴다.

COUNSELORS There, there, **calm down**. Don't worry. You have to stop running. Please.

카운슬러들 거기, 거기, 진정하라고, 걱정 마, 이제 그만 달리렴, 제발.

22 ends up at the edge of the Earth Portal. The Lost Soul looks down, scared and trapped.

22가 결국 지구 관문의 가장자리에 이르게 되었다. 그 길 잃은 영혼은 겁에 질려 궁지에 몰려 아래를 내려다본다.

JOE	22, stop!

조 22, 멈춰!

22 looks at Joe as he slowly approaches. He holds out the Earth Pass.

22가 조가 천천히 다가오고 있는 모습을 본다. 그가 지구 통행증을 내민다.

JOE	I was wrong! Please, will you listen? You ARE ready to live, 22!

조 내가 잘못 생각했어! 제발, 내 말 좀 들어 주겠니? 너는 이제 삶을 살 준비가 되었어, 22!

22 seems to calm. But **suddenly**, the Lost Soul's mouth opens. It **leaps** and **consumes** Joe!

22가 안정되어 보인다. 하지만 갑자기, 그 잃어버린 영혼의 입이 벌어지고, 그것이 급히 조를 잡아먹는다!

---

bounce off 다른 물체에 부딪쳐 튀어나오다

pelt (무엇을 던지며) 공격하다

calm down 진정하다, 흥분을 가라앉히다

suddenly 갑자기

leap 휙 가다, 급히 움직이다, 뛰어오르다

consume (강렬한 감정이) 사로잡다/휩싸다, 다 먹어/써 버리다

Filling Out the Last Box
마지막 칸 채우기

🎧 30.mp3

INT. DARK 22
Joe opens his eyes. He's in total darkness. Black dust swirls around him. He hears crying **in the distance**. He sees 22 **weeping** and muttering in the middle of the storm.

내부. 다크 22
조가 눈을 뜬다. 그는 완전한 어둠 속에 있다. 까만 먼지가 그의 주변에서 소용돌이친다. 저 멀리서 울음소리가 들린다. 그는 22가 폭풍 속에서 훌쩍이며 웅얼대는 것을 본다.

22   (murmuring) Not good enough. Nope. No point. I just need to fill out that last box. I give up.

22 (웅얼거리며) 그걸로 부족해. 아니야. 의미가 없어. 난 그냥 그 마지막 칸을 채워야 할 뿐이야. 난 포기해.

Joe goes towards her, but 22 runs away.

조가 그녀에게 다가가지만 22가 도망친다.

JOE   22!

조 22!

Joe follows. Suddenly, a huge, dark version of 22's mentor, Abraham Lincoln, appears in front of Joe, **blocking** him. Lincoln appears to **scold** Joe, but in 22's voice:

조가 따라간다. 갑자기, 22의 멘토, 에이브러햄 링컨의 거대하고 어두운 버전이 조의 앞에 나타나 그를 가로막는다. 링컨이 조를 꾸짖는 것처럼 보이지만, 22의 목소리이다:

바로 이장면!*

SOUL ABRAHAM LINCOLN   You're **dishonest**! All you make are bad decisions! You are **unwise**, and you won't **make it** in the world!

에이브러햄 링컨 영혼 너는 정직하지 못해! 네가 하는 결정들은 다 나쁜 결정뿐이야! 너는 현명하지 못해. 그리고 넌 세상에서 살아남을 수 없어!

Joe tries to **get around** Lincoln. Mentor Mother Theresa appears, blocking him again.

조가 링컨을 피해서 돌아가려고 한다. 테레사 수녀 멘토가 나타난다. 다시 그를 가로막는다.

SOUL MOTHER THERESA   You're so **selfish**! No one would ever want to be around you!

테레사 수녀 영혼 넌 너무 이기적이야! 아무도 네 주변에 있고 싶어 하지 않을 거야!

---

in the distance 먼 곳에

weep 〈격식〉 울다, 눈물을 흘리다

murmur 속삭이다, 소곤거리다, 중얼/웅얼거리다

block 막다, 차단하다

scold 〈격식〉 (아이를) 야단치다/꾸짖다

dishonest 정직하지 못한

unwise 현명하지 못한, 어리석은

make it (자기 분야에서) 성공하다, (어떤 곳에 간신히) 시간 맞춰 가다

get around (곤란한 일, 상황 등을) 피하다

selfish 이기적인

Joe struggles forward but is suddenly surrounded by other mentors of 22 – Copernicus, Carl Jung, Muhammad Ali, etc. All bend down to Joe, **reciting** their negative opinions of 22:

22'S MENTORS   The world needs remarkable people, and you're the least remarkable soul I've ever met! **The world is better off without you in it!**[1] You're a **nitwit**! **Mentally unfit**! An **imbecile**! I cannot help you!

Joe **breaks through** the crowd, again finding 22 in the distance. He runs to her as she mutters to herself:

22   There's no point in anything I try. Why couldn't I fill out that last box? I'm not good. Nothing I do is right. I'm a loser. I don't do anything right. I'm not good enough at all.

조가 힘겹게 앞으로 나아가려고 하면 갑자기 22의 다른 멘토들에 둘러싸인다 – 코페르니쿠스, 칼 융, 무하마드 알리, 등. 모두 다 같이 조에게 몸을 굽혀 22에 대한 부정적인 의견을 죽 말한다:

22의 멘토들 세상은 주목할 만한 사람들을 필요로 하는데 너는 내가 만난 영혼 중에서 제일 보잘 것없는 영혼이야! 세상은 네가 없는 게 더 유익하다고! 넌 멍청이야! 정신적으로 부적절이야! 바보 천치! 나는 널 도와줄 수가 없어!

조가 무리를 뚫고 나오니 또다시 22가 저기에 있다. 조가 그녀에게 달려갈 때 그녀가 중얼거린다:

22 나는 뭘 해 보려고 해도 다 소용없어. 왜 내가 그 마지막 칸을 채울 수 없었을까? 내가 못나서 그래. 내가 하는 것은 제대로 된 게 하나도 없어. 난 패배자야. 난 아무것도 제대로 못한다고. 난 전혀 만족스럽지 못한 영혼이야.

Joe nearly reaches 22, until – A final figure blocks Joe's path: a **massive** version of Joe himself.

NIGHTMARE JOE   You will never find your spark. There's no point. Those aren't purposes, you idiot! That's just regular ol' living. This is a waste of time. You only got that badge because you were in My body. That's why you ruin everything! Because you. Have. No. Purpose!!

Nightmare Joe **spews** black dust from his mouth. Joe tumbles away, the Earth Pass is **knocked out of** his hands. He desperately searches for it.

조가 거의 22에게 다다랐을 때 – 마지막 형상이 조의 길을 가로막는다: 조 그 자신의 거대한 모습이다.

악몽 조 너는 절대 너의 불꽃을 찾을 수 없어. 아무 소용이 없다고. 그런 것들은 목적들이 아냐. 이 바보야! 그런 건 그냥 일상적인 삶일 뿐이라고. 이건 시간 낭비야. 네가 그 배지를 받은 것은 단지 네가 내 몸 안에 있었기 때문이야. 그래서 네가 모든 것을 망친 거라고! 너 때문이야. 없다고. 아무 목적도!!

악몽 조가 그의 입에서 까만 먼지를 뿜어낸다. 조가 굴러떨어지며 멀어진다. 지구 통행증이 그의 손에서 내쳐진다. 그가 필사적으로 그것을 찾아 헤맨다.

recite 암송/낭송/낭독하다, 나열하다
nitwit 〈비격식〉 멍청이
mentally unfit 정신적으로 건강하지 못한
imbecile 천치, 얼간이, 정박아
break through 뚫고 나아가다, 돌파하다
massive (육중하면서) 거대한, 엄청나게 큰
spew 뿜어져 나오다, 분출되다
knocked out of ~에서 제거하다, 떨어지게 하다

> ❶ **The world is better off without you in it.**
> 세상은 네가 그 안에 없는 것이 오히려 더 나아.
> better off는 '(마음이나 처지가) 더 좋은/나은/이득인'이라는 뜻의 숙어로, 뒤에 without이 붙으면 '~없는 것이 더 낫다'라는 뜻이 됩니다. 예를 들어, Matthew is better off without her. '매튜는 (오히려) 그녀가 없는 게 더 나아.' 이런 식으로 쓸 수 있어요.

JOE   Ahhh! No, no, no, no!

All seems lost, until Joe remembers – the helicopter seed in his pocket. He pulls it out and walks forward, holding out the seed to his nightmare self.

NIGHTMARE JOE   There's no point. You'll never find your Spark Because You. Have. No. Purpose!!

Nightmare Joe looks at the seed, **startled**. He **melts away, defeated**. Joe finally reaches 22. He puts the seed in her hand, closing her fingers around it, holding it there. 22 appears to calm.

EXT. HALF NOTE – DAY
Suddenly, 22 is back in Joe's body, sitting on the **stoop** and looking at the seed, scared. Joe, back in the cat, looks up at her, smiling.

JOE   You ready?

22   Huh?

JOE   To come live!

22   I'm scared, Joe. **I'm not good enough.**❶ And anyway I never got my Spark.

JOE   Yes, you did.

Joe **motions** to the world around them.

JOE   Your Spark isn't your purpose. That last box fills in when you're ready to come live.

22 looks around, **taking in** the beautiful, simple moments on Earth.

조   아얘! 안 돼, 안 돼, 안 돼, 안 돼!

아무런 가망이 없는 것 같다. 조가 기억할 때까지는 – 그의 주머니 속에 있는 단풍나무 씨앗을. 그가 씨앗을 꺼내어 앞으로 걸어가서 그의 악몽 자신에게 내민다.

악몽 조   아무 소용이 없어. 넌 절대 너의 불꽃을 찾을 수 없을 거야. 왜냐하면 너는. 없으니까. 아무. 목적도!!

악몽 조가 씨앗을 보며 깜짝 놀란다. 그가 패배하여 점차 사라진다. 조가 마침내 22에게 다다른다. 그가 그녀의 손에 씨앗을 놓고 그녀의 손가락들로 씨앗을 감싸게 하고, 그 자리에서 그대로 잡고 있는다. 22가 안정되어 보인다.

외부. 하프노트 – 낮
갑자기, 조의 몸속으로 들어온 22가 작은 계단에 앉아 두려워하며 그 씨앗을 보고 있다. 고양이 몸으로 돌아간 조가 미소 지으며 그녀를 올려다본다.

조   준비됐니?

22   어?

조   와서 살 준비 말이야!

22   난 두려워, 조. 난 부족해. 그리고 어차피 난 내 불꽃을 찾지 못했다고.

조   응. 찾았어.

조가 그들 주변의 세상을 가리킨다.

조   네 불꽃은 너의 목적이 아니야. 그 마지막 칸은 네가 삶을 살 준비가 되었을 때 채워지는 거야.

22가 주변을 둘러본다. 지구의 아름답고 단순한 순간들을 받아들이며.

---

startle 깜짝 놀라다
melt away 차츰 사라지다
defeated 패배하다, 좌절하다
stoop 현관 입구의 계단
motion 동작(몸/손짓)을 해 보이다
take in ~을 받아들이다

❶ **I'm not good enough.**
나는 부족해.
시험 결과나 실력, 일의 결과가 만족스럽거나 충분하지 않을 때 쓸 수 있는 표현으로 Not good enough.라고만 쓰이기도 합니다. 반대로 good enough는 '괜찮은, 만족스러운, 충분한'의 뜻으로 자주 사용되는 표현입니다.

JOE   And **the thing is**... you're pretty great at jazzing.

22 looks at Joe and smiles.

EXT. THE YOU SEMINAR
Dark 22 smiles at Joe. The black dust surrounding the Lost Soul melts away. Joe finds the Earth Pass and places it on 22. 22 smiles, but then **realizes**:

22   But Joe... This means you won't get to—

JOE   It's okay. I already did. Now, it's your **turn**.

Joe motions to the Earth below. 22 steps closer to the edge, but **gets cold feet** and **darts** behind Joe.

JOE   I'll go with you.

22   You know you can't do that.

JOE   I know. But I'll go **as far as I can**.

22 steps closer to the edge. Joe **holds out his hand**. 22 takes it and holds tight as they both jump.

INTO THE EARTH PORTAL: Eyes shut tight, 22 **clutches** Joe's arm as they **free-fall** toward Earth.

JOE   Hey! Take a look!

22 slowly opens one eye, then both. The Earth slowly gets bigger as they fall toward it. The **view** is **spectacular**.

22   Wow!

조   그리고 있잖아… 너 재즈하는 거 정말 잘해.

22가 조를 보며 미소 짓는다.

외부. 유 세미나
다크 22가 조에게 미소 짓는다. 그 길 잃은 영혼을 둘러싸고 있던 까만 먼지가 차츰 사라진다. 조가 지구 통행증을 찾아서 22에게 붙여 준다. 22가 미소 짓다가 깨닫는다:

22   하지만 조… 이렇게 되면 네가 돌아갈 수 없는—

조   괜찮아. 난 이미 살았잖아. 이젠, 네 차례야.

조가 밑에 있는 지구를 가리킨다. 22가 가장자리로 가까이 가지만 갑자기 용기를 잃고 쏜살같이 조의 뒤로 숨는다.

조   내가 너와 함께 갈 거야.

22   그럴 수 없다는 거 알잖아.

조   나도 알아. 하지만 갈 수 있는 데까지 가 볼게.

22가 가장자리 가까이 다가선다. 조가 그의 손을 내민다. 22가 그 손을 잡고 뛰며 꽉 움켜잡는다.

지구 관문 속으로: 두 눈을 꼭 감고 22가 조의 팔을 움켜잡고, 그들이 지구로 자유 낙하한다.

조   이야! 보라고!

22가 천천히 한쪽 눈을 뜨다가 양쪽 눈을 다 뜬다. 그들이 지구를 향하여 떨어지면서 지구가 천천히 점점 커진다. 그 모습이 장관이다.

22   우와!

---

the thing is 실은, 문제는
realize 알아차리다, 깨닫다, 인식/자각하다
turn (무엇을 할) 차례, 순번
get cold feet (계획했던 일에 대해) 갑자기 초조해지다, 겁이 나다
dart 쏜살같이/휙 달리다/움직이다
go as far as I can 최대한 갈 데까지 가다
hold out one's hand 손을 내밀다
clutch 와락 움켜잡다

free-fall 자유 낙하
view 광경, 전망
spectacular 장관을 이루는, 극적인, 대단히 화려한

22 starts to enjoy the ride. The soul builds enough courage to **let go of** Joe's arm and hold his hand. **Hand-in-hand**, 22 and Joe **skydive** to Earth, enjoying the ride. 22's Earth Pass starts to **glow**, slowly drawing the soul away from Joe. 22 looks at Joe **reluctantly, unsure**. But Joe smiles back, as if to say "it'll be okay." Then he gently lets go. 22 pulls away from Joe. He watches the soul fall the entire way, and then vanish. **Tears well in Joe's eyes.** He is pulled away from Earth and back up as we: Fade to White.

EXT. LIMBO – SLIDEWALK
Joe opens his eyes to find he is on the slidewalk, heading towards the Great Beyond. He smiles, **at peace**. Ready. Until:

COUNSELOR JERRY A   (O.S.) Mr. Gardner?

Joe turns to see a Counselor on the slidewalk with him.

JOE   Yes?

COUNSELOR JERRY A   Do you have a moment?

Joe walks over to Jerry.

COUNSELOR JERRY A   I think I'm **speaking for** all the Jerrys when I say… thank you.

JOE   For what?

COUNSELOR JERRY A   We're **in the business of inspiration**, Joe, but it's not often we find ourselves **inspired**.

JOE   Oh, really.

COUNSELOR JERRY A   So, we all decided to give you another chance.

22가 낙하를 즐기기 시작한다. 그 영혼에게 조의 팔을 놓고 손을 잡을 수 있을 만한 충분한 용기가 생긴다. 서로 손을 잡고 22와 조가 지구를 향해 낙하를 즐기며 스카이다이빙을 한다. 22의 지구 통행증이 빛나기 시작하며 서서히 조에게서 그 영혼이 멀어진다. 22가 자신 없이 주저하는 눈빛으로 조를 바라본다. 하지만 조가 마치 "괜찮을 거야"라고 말하는 듯이 그녀를 돌아보며 미소 짓는다. 그러고는 그가 부드럽게 손을 놓는다. 22가 조에게서 멀어진다. 그가 그 영혼이 완전히 떨어져서 사라질 때까지 지켜본다. 조의 눈에 눈물이 맺힌다. 그가 지구에서 멀어지며 다시 위로 돌아올 때 보인다: 하얗게 변한다.

외부. 림보 – 무빙워크
조가 눈을 떠보니 자신이 무빙워크 위에서 머나먼 저세상으로 향해 간다. 그가 평화롭게 미소 짓는다. 준비된 마음. 그러나 바로 그때:

카운슬러 제리A (화면 밖) 가드너 씨?

조가 그와 함께 무빙워크를 타고 있는 카운슬러를 돌아본다.

조 네?

카운슬러 제리A 잠시 시간 좀 있나요?

조가 제리에게 다가간다.

카운슬러 제리A 제가 모든 제리들을 대표해서 말씀드리는 것 같은데… 고마워요.

조 무엇에 대해서요?

카운슬러 제리A 우리는 영감을 주는 일을 하고 있어요, 조. 하지만 정작 우리 자신이 영감을 받는 경우는 별로 없답니다.

조 오, 정말요.

카운슬러 제리A 그래서, 우리 모두가 당신에게 한 번 더 기회를 주기로 결정했답니다.

---

let go of (쥐고 있던 것을) 놓다
hand-in-hand (두 사람이) 서로 손을 잡고
skydive 스카이다이빙하다. 고공 낙하하다
glow 빛나다. 발개지다
reluctantly 마지못해서, 꺼려하여
unsure 확신하지 못하는, 의심스러워하는, 불안한
tears well in one's eyes 눈시울이 뜨거워/촉촉해지다
at peace 안심하고, 평화롭게

speak for somebody ~를 대변하다
in the business of ~에 종사하여, ~ 업에 종사하는
inspiration (예술적 창조를 가능하게 하는) 영감
inspired 영감을 받은, 영향을 받은, 탁월한

The Counselor opens a Portal. On **the other side** is Earth.

COUNSELOR JERRY A   Hopefully you will watch where you walk from now on.

JOE   But what about Terry?

COUNSELOR JERRY A   We **worked** it **out** with Terry.

EXT. LIMBO – ABOVE THE SLIDEWALK
Again, Terry is counting souls on the abacus. Suddenly, one of the **beads draws her attention**.

TERRY   Hmmm. That's **weird**.

A Counselor comes running up:

COUNSELOR JERRY B   Hey Terry, what's that over there? Look immediately!

TERRY   What? What are you talking about?

Terry looks the other way. The Counselor's arm stretches behind Terry and slides the single bead on the abacus into **position**, **covering up** the **discrepancy**.

COUNSELOR JERRY B   Oh, nothing. **You were saying?❶**

TERRY   Hmm.

COUNSELOR JERRY B   Were you even talking? I can't remember.

Terry once again examines the abacus.

TERRY   Never mind.

Terry goes back to counting.

카운슬러가 관문을 연다. 맞은편에 지구가 있다.

키운슬러 제리A 이제부터는 걸어 다닐 때 조심해서 다니면 좋겠어요.

조 하지만 그러면 테리는요?

카운슬러 제리A 테리 문제는 우리가 잘 해결했어요.

외부, 림보 – 무빙워크 위
또다시 테리가 주판으로 영혼들을 세고 있다. 갑자기, 주판알 중 하나가 그녀의 주의를 끈다.

테리 흐음. 이상하네

카운슬러 한 명이 달려온다:

카운슬러 제리B 이봐 테리, 저기 저거 뭔가? 당장 보라구!

테리 뭐? 뭐 말하는 거야?

테리가 반대편을 본다. 카운슬러의 팔이 테리의 뒤쪽으로 뻗쳐 주판 위의 그 주판알 하나를 다시 제자리로 돌려놓아 불일치를 감춘다.

카운슬러 제리B 아, 아무것도 아니야. 아까 뭐라고 그랬지?

테리 흠.

카운슬러 제리B 근데 자네가 무슨 말을 하긴 했던가? 기억이 안 나네.

테리가 다시 주판을 검사한다.

테리 신경 쓰지 말게

테리가 다시 계산한다.

---

the other side 반대쪽, 건너편
work out (일이) 잘 풀리다, 좋게 진행되다
bead 주판알
draw one's attention 주의를 끌다
weird 이상한, 기묘한
position (있어야 할, 알맞은) 자리, 제자리
cover up ~을 완전히 덮다, (실수, 범행 등) 숨기다
discrepancy (같아야 할 것들 사이의) 차이/불일치

❶ You were saying?
좀 전에 무슨 얘기하고 있었더라?
상대방과의 대화가 다른 방해 요소에 의해
중간에 끊겼을 때, 대화를 재개하려는데 방금
전에 상대방이 하고 있던 말이 생각나지 않아
다시 물어볼 때 쓰는 표현이에요. 비슷한
상황에서 Where were we? '어디까지
얘기했지?'와 같은 표현도 자주 쓰여요.

Back to the slidewalk: The Counselor motions to Earth as Joe **hesitates**.

무빙워크로 되돌아와서: 카운슬러가 지구를 가리키자 조가 망설인다.

COUNSELOR JERRY A   Well?

카운슬러 제리A 어떻게 하실 건가요?

Joe considers as he looks to Earth, then smiles to the Counselor **warmly**:

조가 지구를 보며 고민하다가 카운슬러를 향해 따뜻한 미소를 짓는다:

JOE   Thanks.

조 고마워요.

COUNSELOR JERRY A   So, what do you think you'll do? How are you going to spend your life?

카운슬러 제리A 그래, 뭘 할 것 같으세요? 당신의 인생을 어떻게 보내실 건가요?

He thinks **for a moment**.

그가 잠시 생각한다.

JOE   I'm not sure…

조 글쎄요…

He steps into the Portal.

그가 관문으로 발을 내딛는다.

EXT. JOE'S APARTMENT – DAY
Joe's feet **step out of** his apartment building. He smiles as he **looks around**, taking in the **glorious chaos** of it all.

외부. 조의 아파트 – 낮
조의 아파트 건물에서 그의 발이 밖으로 걸어 나온다. 그가 주변을 돌아보며 미소 지으며 이 모든 눈부시게 아름다운 혼돈을 받아들인다.

JOE   (O.S.) … but I do know I'm going to live **every minute of** it.

조 (화면 밖) … 하지만 제가 매 순간을 살아갈 것이라는 건 확실해요.

---

hesitate 망설이다, 거리끼다
warmly 따뜻하게, 훈훈하게
for a moment 잠시 동안
step out of ~에서 나오다
look around 둘러보다
glorious 〈격식〉 눈부시게 아름다운, 장엄한, 대단히 즐거운
chaos 혼돈, 혼란
every minute of ~의 매 순간